新财经改革研究系列丛书

Research on School Physical Education Reform and
Innovation in the New Era

新时期学校体育改革
与创新研究

宋丽霞 刘家成 兰自力 著

东北财经大学出版社
Dongbei University of Finance & Economics Press
大连

图书在版编目（CIP）数据

新时期学校体育改革与创新研究 / 宋丽霞，刘家成，
兰自力著. —大连：东北财经大学出版社，2024.6
（新财经改革研究系列丛书）
ISBN 978-7-5654-5240-6

Ⅰ.新… Ⅱ.①宋… ②刘… ③兰… Ⅲ.体育教学−教
学研究 Ⅳ.G807.01

中国国家版本馆 CIP 数据核字（2024）第 078952 号

东北财经大学出版社出版
（大连市黑石礁尖山街217号 邮政编码 116025）
网 址：http://www.dufep.cn
读者信箱：dufep@dufe.edu.cn
大连永盛印业有限公司印刷 东北财经大学出版社发行
幅面尺寸：170mm×240mm 字数：156千字 印张：13.25 插页：1
2024年6月第1版 2024年6月第1次印刷
责任编辑：时 博 王 斌 责任校对：那 欣
封面设计：张智波 版式设计：原 皓
定价：69.00元

教学支持 售后服务 联系电话：（0411）84710309
版权所有 侵权必究 举报电话：（0411）84710523
如有印装质量问题，请联系营销部：（0411）84710711

本书部分内容系湖北省高等学校省级教学研究项目"新时代高校体育课程思政的生成逻辑与提升路径研究"（课题编号：2021552）和"深度学习视域下高校健身瑜伽线上线下混合式教学模式设计与实践"（课题编号：2022386）之研究成果

作者简介

宋丽霞，女，1979年2月生，广西防城港人，教育学硕士，一级讲师，湖北经济学院专任教师。主要从事公共体育课教学与学校体育研究工作。近年来，发表了学术论文7篇，其中，核心期刊论文2篇；主持完成省部级课题1项，参与省部级课题2项，主持完成校级课题1项；参编教材2部。长期担任湖北省健美操、瑜伽等体育赛事的裁判。

刘家成，男，1976年6月生，湖北江陵人，一级讲师，羽毛球国家级裁判员，湖北经济学院专任教师。主要从事公共体育课、专业课教学和羽毛球赛事组织管理工作。近年来，发表了学术论文15篇；主持完成重大横向课题1项，省部级课题1项，厅级课题1项；主编体育教材1部。长期担任湖北省羽毛球各类重要赛事的裁判长，执裁过汤尤杯、亚锦赛等多项国际重大羽毛球赛事，担任过第七届世界军人运动会羽毛球比赛的编排长。

兰自力，男，1962年5月生，湖北黄冈人，博士，二级教授，博士研究生导师，享受国务院政府特殊津贴专家，湖北经济学院体育学科带头人，休闲体育国家级一流本科专业建设点负责人。兼任全国高校健康教育教学指导委员会委员，全国体育职业教育教学指导委员会委员；国家社科基金通讯评审专家；湖北社会科学联合会第九届委员会委员，湖北省体育理论学会理事长，湖北省体育科学学会副理事长，湖北省高校体育教学指导委员会委员。近年来，主持完成国家社会科学基金项目2项，主持完成全国教育科学规划重点课题1项；主持、参与完成省部级科研、教研课题20余项；获省部级社会科学优秀成果奖、省级优秀教学成果奖10余项，其中获省社会科学优秀成果奖二等奖2项；出版学术专著5部；主编体育类教材5部；在《体育科学》、《北京体育大学学报》和《上海体育学院学报》（现更名为《上海体育大学学报》）等核心期刊上发表论文30余篇。

前言

学校体育改革与创新不仅是践行健康中国战略、实现体育强国梦的重要路径，也是推进教育现代化、实现全人教育目标的关键环节。顺应这一历史趋势，必须不断深化学校体育改革，通过创新理念、方法等，持续提升学校体育发展质量，确保每一位学生都能在体育活动中获得正向体验，从而促进其全面发展。本书围绕学校体育改革与创新这一主题展开，共9章。

第1章、第2章是导论与文献综述，为本书的准备部分。

导论作为本书的开篇之论，从改革历程、政策演进与数字化三方面剖析了我国学校体育改革与创新的背景，并基于此阐释了研究意义，随后介绍了研究思路、内容及方法。

文献综述，则分别从教育改革与创新、学校体育改革与创新两方面，就概念、目标、制度、模式、评价、路径、思想、数字技术等展开文献综述，继而进行了文献述评，总结了已有文献的研究成果和不足之处。

第 3 章、第 4 章是理论与现状，为本书的基础部分。

在理论部分，对新时期学校体育改革与创新的内涵进行了阐释，并从社会的发展、个体的发展、战略的发展以及科技的发展四个方面分析了学校体育改革与创新的必然性。同时，从教育育人与竞技保障两方面对新时期学校体育高质量发展的目标进行了检视，并以新时期的发展理念、教育理念等为切入点，深入剖析了新时期学校体育改革与创新的本质要求。

在现状部分，则基于当下的研究与实践的数据、信息，对近十年我国学校体育发展的成效进行了系统的分析，并从宏观视角深入剖析了学校体育发展的困境，即要素创新引领赢弱、城乡资源差距过大、共享发展较为受限、封闭发展痼疾尚存。最后，聚焦于当下学校体育发展中存在的主要问题，就这些问题进行了概要阐述，并将其中的部分问题作为后文的研究重点。

第 5 章~第 7 章分析了当下学校体育发展的主要问题，为本书的研究重点之一，分别对体教融合、"双减"、体育课程思政这三大问题进行深入研究。

在体教融合发展的经验借鉴与推进策略的研究中，从新目标、新认知、新职能、新机制四个方面阐释了新时期体教融合的新内涵，并指出了新时期体教融合的新理念，即价值理念与治理理念。然后，从后备人才、治理两个角度切入，对体教融合的现实困境进行了全面且深入的分析。随后，对世界体育强国的体教融合模式进行了探索，并梳理出美国模式与欧洲模式，分析了国外体教融合的模式与发展经验及对我国开展体教融合的启示。最后，基于上述分析，针对当下主要问题，结合在研究与实践中获取的经验，提出了较为详尽的推进策略。

在"双减"背景下学校体育的改革与创新的研究中，本着理解并厘清改革的内在逻辑是把握改革前进方向的先决条件的思想，梳理和分析了"双减"背景下体育教学改革的核心逻辑。随后全面审视"双减"背景下学校体育改革过程中所面临的挑战，继而从共育机制、师资力量、课程建设、评价手段四个方面切入，构建出既符合时代背景又能满足体育教学需求的深化改革路径。

在体育课程思政建设的路径探析的研究中，首先，从立德树人、协同育人、社会主义核心价值观、显隐融合等方面对新时期课程思政建设的内涵进行了阐释。其次，从体育与思政的融合、师资、校园文化、机制、模式、教学过程等方面揭示了当下体育课程思政建设的现实困境。最后，基于上述分析，提出了体育课程思政建设的发展路径。

第8章紧跟当下学校体育发展的趋势，选取学校体育教育评价、学校体育治理以及数字技术赋能学校体育这三个热点议题展开研究，为本书的又一研究重点。

在学校体育教育评价的研究中，通过厘清学校体育教育评价的理论遵循，剖析学校体育教育评价的实际问题以及改革的动因，进而提出学校体育教育评价改革与创新策略。

在学校体育治理的研究中，从治理现代化的视角，从理论基础、逻辑、内涵上对学校体育治理现代化的理论依据进行了阐释，并对学校体育治理现代化的重要特征及存在的问题进行了全面审视，继而提出了学校体育治理现代化的推进策略。

在数字技术赋能学校体育的研究中，以技术、组织、数据、环境为切入点，对数字技术赋能学校体育改革与创新的理论进行了阐释，并从激发技术动力、增强组织动力、发挥制度动力三方面提出了推进策略。

第9章是结论与展望，是本书的总结部分。对前文中的主要问题和热点议题中的观点进行了归纳与整合，进而形成了研究结论，并指出了研究中的三个创新点。同时，指出了研究方法与路径研究中的不足之处。最后，就数字技术与实证研究方面提出了研究展望。

宋丽霞　刘家成　兰自力
2024年5月

目录

1

导论

自党的十八大以来，随着党和国家对体育工作重视程度的不断提升，体育强国梦与中国梦的紧密联系日益凸显。学校体育不仅是推进健康中国建设的重要手段，也是实现体育强国梦的坚实保障。新时期，一系列政策文件陆续出台，旨在全面提高学校体育的质量和效果，通过各方共同努力，推进我国学校体育高质量发展，我国学校体育正面临前所未有的发展机遇。习近平总书记于2018年在全国教育大会上就学校体育事业作出了重要指示，进一步明确了学校体育事业的核心使命，即"帮助学生在体育锻炼中享受乐趣、增强体质、健全人格、锤炼意志"。这一核心使命不仅彰显了学校体育的育人价值，也为学校体育的发展指明了方向。2020年10月，中共中央办公厅、国务院办公厅发布的《关于全面加强和改进新时代学校体育工作的意见》提出，把学校体育工作摆在更加突出位置，强调构建一个全方位培育的教育体系，即德智体美劳全面发展。在这样一个充满机遇与挑战的新时代，学校体育改革与创新不仅是践行健康中国战略、实现体育强国梦的重要路径，也是推进教育现代化、实现全人教育目标的关键环节。为了适应这一历史趋势，必须不断深化学校体育的改革，通过创新理念、方法等，持续提升学校体育的发展质量，确保每一位学生都能在体育活动中获得正向体验，从而促进其全面健康成长。本书围绕着我国学校体育改革与创新中的问题展开深入研究，力图为我国体育教育事业提供富于建设性的建议。作为开篇之论，本章从改革历程、政策演进与数字化三方面剖析了我国学校体育改革与创新的背景，并基于此阐释了研究意义，随后介绍了研究思路、内容及方法。

1.1 研究背景与意义

1.1.1 研究背景

1.我国学校体育改革历程

自新中国成立以来，学校体育改革经历了从摸索到深化的历史演进，这一过程不仅体现了学校体育课程与国家现代化进程的紧密联系，而且彰显了中国共产党在引领学校体育教育事业中的坚定决心与无穷智慧。学校体育改革的历史轨迹，从早期的移植模仿到自主探索，再到恢复重建及其持续深化，展现了一条明确的发展脉络，这条脉络不仅与中国特色社会主义现代化发展的大背景相契合，而且逐渐形成了具有中国特色的改革经验。我国学校体育改革历程具体可分为如下三个时期：

1）从1949年到1977年为我国学校体育改革的初步开创时期

在该时期，面临着巨大的国家重建任务和提升国民健康水平的迫切需求，我国积极推动学校体育的改革和发展，确立了体育教育服务于社会主义现代化建设的基本方向。当时在缺乏现代化建设经验和深受苏联社会主义模式影响的背景下，我国在学校体育课程内容和教学方法上采取了移植模仿的策略，对提升国民体质、加强国家的综合国力起到了积极作用。在这一过程中，党和政府高度重视体育教育的作用，1949年底的全国第一次教育工作会议以及毛泽东同志于1950年和1951年对教育部的指示，都明确提出教育的首要目的是为人民服务，强调了"健康第一，学习第二"的原则，为学校体育的改革指明了方向。随着社会主义建设的深入，体育教育的目标和内容经历了重要的调整。1954 年提出的"四个现代化"战略目标，将体育教育的发展与国家的工业、农业、国防和科技现代化紧密联系起来，体育课程内容也因此丰富起来，包括军事体育内容，如投掷手榴弹、劳卫操等，反映出体育教育服务于国家现代化建设的价值取向。毛泽东同志在 1957 年的讲话中首次系统阐述了教育的育人方针，要求受教育者在德育、智育、体育几方面都得到发展。这表明了学校体育课程在注重提升国民体质的同时，也开始重视学生的思想品德教育和全面发展。在这一时期，体育教育的改革不仅体现了体育教育为人民、为社会主义建设服务的宗旨，也为后续的学校体育改革提供了宝贵的经验和启示，标志着我国学校体育走向深入和系统化的改革之路。

2）从 1978 年到 2011 年为我国学校体育改革的积极开拓时期

在该时期，改革开放为中国的社会经济发展注入了新的活力，同样也为学校体育课程的改革提供了新的机遇和挑战。改革开放以来，随着中国社会经济的快速发展和全球视野的拓宽，人的全面发展成为国家现代化建设的核心。这一转变深刻影响了教育领域，尤其是体育教育的价值定位和发展方向，表现为对于现代化的理解逐渐深化，明确将人的现代化置于优先地位，体育教育被视为促进"传统人"向"现代人"转变的关键途径。这一时期的学校体育改革，旨在通过增强学生的身体、心理和社会健康，促进其自由而全面的发展。为了实现这一目标，体育课程内容和教学目标经历了显著的丰富和深化。1987 年的《全日制中学体育教学大纲》首次提出促进学生身心发展和增加美育内容，标志着体育教育开始综合关注学生的心理健康和审美教育。随后的课程改革，如 1992 年的《九年义务教育体育与健康教育教学大纲》，更是将健康元素深度融入课程之中，涵盖了环境与健康、饮食与健康等内容，展现了对促进人的现代化的全面理解和深刻认识。1995年发布的《中华人民共和国教育法》首次提出终身教育概念，随后1996年发布的《全日制普通高级中学体育教学大纲》中引入终身体育概念，强调了培养学生对体育活动终身参与的兴趣和习惯，终身教育和终身体育的理念得到了确立。学校体育教育在改革中发生最关键的转变是从过去的重竞技轻教学到关注和促进学生全面发展的重大转向。随着国家对现代化建设重视程度的提高，人的全面发展成为体育教育的核心目标，学校体育课程改革开始强调以"人的现代化"为引领，旨在通过体育教育促进学生的身心健康发展，实现人的自由而全面的发展。在这一时期，学校体育的改革为中国教育现代化和整个社会的现代化进程贡献了重要力量。

3）从2012年至今为我国学校体育改革的融合进取时期

在该时期，我国进入了全面深化改革的新时期，其中学校体育改革在推进"人的现代化"方面迈出了坚实的步伐。习近平总书记指出："现代化的本质就是人的现代化"，"现代化的最终目标是实现人自由而全面的发展"。这为学校体育改革指明了方向，即不仅要追求体育运动成绩的提高和体魄的强健，更要关注学生的全面发展，包括身心健康、人格品质的培养以及创新和社会适应能力的提升。2016年国务院办公厅发布的《关于强化学校体育促进学生身心健康全面发展的意见》，以及之后陆续发布的《普通高中体育与健康课程标准（2017年版2020年修订）》《义务教育体育与健康课程标准（2022版）》，都强调了体育教育在促进学生身心健康、推进"健康中国建设"以及增强民族生命力中的关键作用。这些政策文件体现了教育理念从注重学生体能发展向促进学生全面发展转变。新时期学校体育改革的主要内容聚焦于三个维度：身体素质的提升、人格品质的塑造以及思维方式的现代化。其中，身体素质提升不仅关注学生的体能发展，更加强调通过健康教育模块化和结构化课程内容的设置，引导学生养成良好的生活方式，以促进体魄的强健；人格品质的塑造是通过体育教育中的品德教育，培养学生不怕困难、勇敢顽强和自尊自信等品质；思维方式的现代化是通过大单元、大主题式教学和跨学科主题学习等多样化教学方式，培养学生的创新思维和解决问题的能力。在这一时期，学校体育改革以"人的现代化"为核心，贯彻实施了一系列理性辩证的措施，旨在全方位推进学校体育的现代化进程。通过重视人的全面发展，强化体育与健康教育的内在联系，以及创新教育理念和教学方法，学校体育教育不仅在促进学生身心健康和全面发展方面取得了显著成效，也为实现教育现代化和建设健康中国贡献了重要力量。

2.我国学校体育政策的演进

在过去的四十多年里，我国体育发展历程呈现了独特的历史纵深和丰富的阶段性特征。自改革开放以来，我国青少年体育政策的演变不仅反映了国家对体育事业重视程度的逐渐提高，也反映了教育体制和社会发展需求的深刻变化。通过对1978年起至今重大历史节点和关键事件的梳理，我们可以将这一历程大致划分为四个阶段：1978—1989年的调整发展期，反映了"文化大革命"后学校体育工作的逐步恢复和为推动体质增强作出的努力；1990—2000年的平稳发展期，标志着体育教学正常化的持续推进和竞技化导向的逐步淡化；2001—2011年的快速发展期，凸显了对体质健康的重视和体育教学质量的提升；2012年至今，则进入了学校体育的繁荣发展期，各项政策陆续出台，进一步促进了体育事业的全面繁荣。

1）调整发展期（1978—1989年）

这一时期是我国青少年体育政策恢复与重建的重要阶段，是在改革开放的大背景下对体育事业的重新定位和推进。1979年，国家教委发布的《中小学体育工作暂行规定》和《高等学校体育工作暂行规定》，标志着青少年体育政策开始重视恢复学校体育教学的正常化，体育教育的核心逐渐转向增强学生的体质。1983年全国学校体育卫生工作会议进一步明确了"健康第一"的原则，强调提高学生体质和健康水平是学校体育教育的根本任务。1987年的全国体育发展战略讨论会进一步强调了以青少年为重点的全民健身战略和竞技体育战略的协调发展，这不仅促进了学校体育的健康发展，也为我国体育事业的全面进步奠定了基础。随后，国家相继出台了中学生和大学生体育合格标准，进一步完善了我国学校体育健康工作的标准和要求，青少年学生成为推广全民健身战略的关键力量。这一时期，是我国学校体育从恢复到重建，向规范化、科学化和法治化发展的关键时期，政策调整和制度建设，不仅为青少年体育教育的发展奠定了坚实的基础，也为后续的体育政策改革和创新提供了重要的经验和借鉴。

2）平稳发展期（1990—2000年）

这一时期以素质教育的全面推进、体育课程教学大纲的更新、《全民健身计划纲要》和《中华人民共和国体育法》的颁布实施为标志，体现了体育工作向规范化、制度化和法治化迈进。1990年，国务院批准颁布的《学校体育工作条例》为学校体育工作的推进提供了法律依据，详细阐明了学校体育工作的基本任务，强调了学校体育教学的规范化。1995年，《全民健身计划纲要》的颁布，特别强调了青少年和儿童是纲要实施的重点对象，要求学校全面贯彻党的教育方针，积极创造条件，培养学生积极参与体育锻炼的意识、能力和习惯，以期通过体育活动促进学生的全面发展。1995年，《中华人民共和国体育法》（以下简称《体育法》）的颁布实施，不仅为学校体育工作提供了法律支撑，也标志着我国体育事业发展进入了"以法治体"的新阶段。《体育法》的实施，为学校体育工作的规范化、制度化奠定了坚实的法律基础，确保了体育活动的健康有序发展。这一时期，体育政策着重于推进学校体育教学的规范化、制度化、法治化，政策和法规的制定与实施极大地推动了学校体育的全面发展，为之后的快速、繁荣发展奠定了坚实的基础，体现了我国在体育领域由传统向现代化转型的决心与努力。

3）快速发展期（2001—2011年）

这一时期政策主题主要围绕学校体育教学和青少年体质健康展开，体现了教育改革与发展的新方向和战略高度。在指导思想上，2001年发布的《国务院关于基础教育改革与发展的决定》首次提出"健康第一"的教育理念，强调增加体育学时，其目的是实质性提高青少年的体质健康水平。此举不仅强化了体育教育在基础教育中的地位，也为青少年体质的提升指明了方向。2006年发布的《教育部 国家体育总局关于进一步加强学校体育工作，切实提高学生健康素质的意见》将青少年体质健康提升至战略层面，彰显了对青少年体育发展的高度重视，为学校体育政策提供了坚实的理论支持和政策引导。在制度建设上，2009年《全民健身条例》由国务院颁布实施，为青少年体育活动的规范化管理和保障提供了法律基础，确立了体育活动在提升国民健康中的重要地位。在组织管理机构上，2008年建立的联席会议制度和2010年设立的青少年体育司，进一步完善了青少年体育工作的组织架构，优化了青少年体育工作的协调机制，有效应对了青少年体质下滑的问题。面对青少年部分体质指标明显下降的状况，党和政府及时调整和优化体育政策，通过立法、政策制定、组织架构优化等多方面举措，强化了"健康第一"的教学指导思想，确立了以人为本、以学生为中心的体育课程理念。这一时期，通过一系列政策的实施，不仅深化了"健康第一"的教育理念，也为学校体育逐渐迈向繁荣提供了坚实基础，展现了我国学校体育政策的前瞻性和实效性。

4）繁荣发展期（2012年至今）

这一时期，政策制定体现了国家对青少年体育发展的高度重视和全方位支持。自2012年以来，多个重要政策陆续出台（见表1-1），包括《关于进一步加强学校体育工作的若干意见》《"健康中国2030"规划纲要》《关于强化学校体育促进学生身心健康全面发展的意见》等，不仅表明党和政府对体育工作的充分重视与关切，也显现了体育与健康融入国家战略的重要性。《"健康中国2030"规划纲要》的发布，为学校体育工作提供了长远的发展指导，强调了体育活动在提高国民健康水平中的关键作用。同时，《关于印发深化体教融合 促进青少年健康发展意见的通知》和《义务教育体育与健康课程标准（2022年版）》等文件的出台，进一步明确了学校体育教学的目标、内容和方法，促进了体教融合的实质性进展。这一时期的政策还特别强调了风险防控和安全教育，如《学校体育运动风险防控暂行办法》，保障了学校体育活动的安全进行。与此同时，为了深化教育评价改革，推动学生全面发展，《深化新时代教育评价改革总体方案》和《〈体育与健康〉教学改革指导纲要（试行）》等政策也相继实施，将体育教育与学生身心健康紧密联系起来，促进学生全面、均衡地成长。这一时期，颁布的政策不仅涵盖了学校体育的教学、管理、评价等多个方面，还体现了对青少年体质健康、体育与健康教育融合、学生全面发展等问题的深入思考和积极应对。通过这些政策的实施，我国学校体育工作在保障青少年健康成长、推动体育教育现代化发展方面取得了显著成效，为实现"体育强国"梦想奠定了坚实基础。

表 1-1　　　　　　　2012—2022 年学校体育相关政策

年份	发布机构	政策名称
2012	国务院办公厅	《关于进一步加强学校体育工作的若干意见》
2014	教育部	《关于全面深化课程改革落实立德树人根本任务的意见》
2015	教育部	《学校体育运动风险防控暂行办法》
2016	中共中央、国务院	《"健康中国 2030"规划纲要》
2016	国务院办公厅	《关于强化学校体育促进学生身心健康全面发展的意见》
2017	教育部	《关于进一步加强普通高校高水平运动队建设的实施意见》
2017	体育总局、教育部、中央文明办、国家发展改革委、民政部、财政部、共青团中央	《青少年体育活动促进计划》
2019	国务院办公厅	《关于新时代推进普通高中育人方式改革的指导意见》
2020	中共中央办公厅、国务院办公厅	《关于全面加强和改进新时代学校体育工作的意见》
2020	体育总局、教育部	《关于深化体教融合 促进青少年健康发展的意见》
2020	中共中央、国务院	《深化新时代教育评价改革总体方案》
2021	教育部	《〈体育与健康〉教学改革指导纲要（试行）》
2021	教育部办公厅	《关于进一步加强中小学生体质健康管理工作的通知》
2021	中共中央办公厅、国务院办公厅	《关于进一步减轻义务教育阶段学生作业负担和校外培训负担的意见》
2022	教育部	《义务教育体育与健康课程标准（2022 年版）》

3.数字技术引领时代发展

在 21 世纪初期，随着互联网、大数据、云计算和人工智能等数字技术的迅猛发展，中国经济经历了一场前所未有的数字化转型，不仅在全球范围内奠定了中国在数字技术发展领域的重要地位，也推动了中国经济的高速增长，并深刻改变了社会结构、文化观念以及人们的生活方式。当下，数字技术的蓬勃发展带来了广泛而深远的影响，显著地推动了社会的进步和创新。

经济层面上，数字化转型为中国的经济发展注入了新的活力，特别是在促进从传统制造业向高科技和服务导向经济的转型方面发挥了关键作用。传统产业通过引入先进的数字技术，实现了生产流程和管理方式的优化，显著提升了效率和降低了成本，增强了国际竞争力。同时，数字经济模式如电子商务、数字支付和在线服务等迅速崛起并成为新的经济增长点，不仅拓宽了消费渠道，还促进了消费升级，为中国经济的持续健康发展提供了新的动力。

社会层面上，数字技术的广泛应用加速了信息传播和知识共享，大大缩短了人与人之间的距离，促进了社会的多元化发展。远程工作等新型工作方式成为可能，打破了时间和空间的限制，让更多人能够享受到更灵活的工作环境。此外，数字技术还促进了社会个体化和多样化的发展，人们可以通过互联网表达自我，追求个性化的生活方式，促进了社会文化的繁荣与多样性。文化观念和日常生活方式也因数字技术而发生了显著变化。互联网、社交媒体的兴起极大丰富了人们的文化生活，改变了人们获取信息、娱乐休闲乃至社交的方式。数字文化逐渐成为主流文化，特别是对年轻一代的影响尤为深刻，数字原住民成为新时期的标志性代表。同时，随着智能手机和各种应用程序的普及，人们的生活越来越离不开数字技术，从购物、支付到出行、学习，数字化服务已渗透到生活的方方面面，极大提升了生活的便利性和舒适度。

在教育领域中，数字技术革命促成了学习方式和教学方法的根本性变革，为教育资源的均衡分配和教育质量的提高开辟了新途径。在线教育异军突起，利用数字平台打破时间和空间的限制，使得学习者能够随时随地接触到丰富的教育资源，同时还推动了教学模式向更加注重学生参与和体验的方向转变，利用虚拟现实、增强现实和游戏化学习等手段提升了学习的互动性和趣味性。云计算和大数据技术的发展使得教育资源的共享和优化变得更加高效，通过精准的数据分析，教育机构能够更好地理解学生的需求，实现资源的最优配置。然而，数字技术在教育中的应用也面临挑战，包括如何保证教育信息化的安全和质量、缩小数字鸿沟以及保护学生隐私等问题。未来的教育部门需要在推动技术创新的同时，建立相应的政策和标准，确保教育技术的健康发展，并实现教育公平和质量的双重提升。新时期，数字技术的发展为教育带来了前所未有的机遇，促进了教育模式的创新和教育质量的提升。展望未来，在学校体育发展的研究中，应该积极拥抱技术变革，以此深化学校体育改革，探索适应数字时代的新型教育模式，为培养适应未来社会需求的创新型人才作出贡献。

1.1.2 研究意义

随着《关于全面加强和改进新时代学校体育工作的意见》等政策文件的陆续出台，学校体育的核心使命和发展方向得到了明确。当下，随着健康生活方式与全民健身运动的深化与普及，学校体育的发展受到社会各界的重视，研究学校体育的改革与创新，不仅对于实现健康中国战略和体育强国梦具有重要意义，也是推进教育现代化、实现全人教育目标的关键环节。本书的研究既回应了教育现代化的国家战略需求，同时也为学校体育教育实践提供了科学指导，具有深远的理论价值和实践意义。具体如下：

1.丰富了学校体育发展的理论成果

近年来对学校体育的研究较少有对体育改革与创新的本质要求的分析，本书结合了当下的发展理念、教育理念以及体育教育方法，系统地阐释了新时期学校体育改革与创新的本质要求，为学校体育的发展提供了理论指导。

2.为学校体育的改革与创新提供了参考

过去对学校体育的研究多是以单个问题为研究对象展开，不同的研究最后在推进策略与路径上的指向往往出现重复或相近；而且，不同研究所涉及的单个问题往往都是学校体育发展的关键，在发展中无法将其割裂而单独面对、单独解决，因而以往文献缺乏系统而全面的研究与分析。本书就三个主要问题（体教融合、"双减"政策下学校体育发展、体育课程思政）和三个热点议题（学校体育教育评价、学校体育治理以及数字技术赋能学校体育）进行系统、深入的分析，均有针对性地提出了推进策略或发展路径。在结论中，对推进策略以及发展路径中相通的部分进行了整合与系统的阐述，可以让教师、管理者等明晰自身在学校体育教育中的定位以及面临上述问题时应如何应对，为学校体育的改革与创新提供了参考。

1.2 研究思路、内容与方法

1.2.1 研究思路

本研究按照"梳理研究理论→明确现实问题→聚焦发展问题→紧跟发展趋势→结论与展望"的逻辑思路依次展开，如图1-1所示。

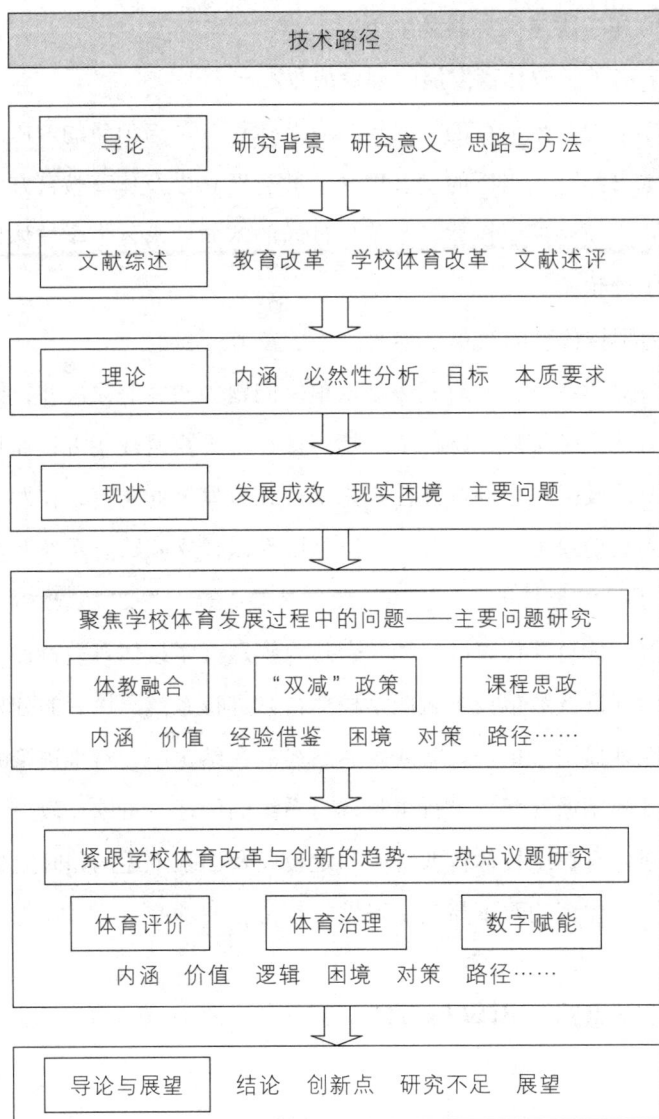

图 1-1　技术路线

1.2.2　研究内容

第 1 章，导论。本章作为本书的开篇之论，从改革历程、政策演进与数字化三方面剖析了我国学校体育改革与创新的背景，并基于此阐释了研究意义，随后介绍了研究思路、内容及方法，同时绘制了研究技术路线图。

第2章，文献综述。本章分别从教育改革与创新、学校体育改革与创新两方面展开文献综述。其中，教育改革与创新的研究主要包括概念、目标、制度、模式、评价、数字技术；学校体育改革与创新的研究则集中在目标、思想、困境、制度、内容、路径。随后基于对文献的整理与分析，进行了文献述评，以总结已有文献的研究成果和不足之处。

第3章，理论基础。本章对新时期学校体育改革与创新的内涵进行了阐释，并从社会的发展、个体的发展、战略的发展以及科技的发展四个方面分析了学校体育改革与创新的必然性。然后，从教育育人与竞技保障两方面对新时期学校体育高质量发展的目标进行了检视。同时，以新时期的发展理念、教育理念等为切入点，深入剖析了新时期学校体育改革与创新的本质要求。

第4章，现状与困境。首先，本章基于当前的研究与实践，对近十年我国学校体育发展的成效进行了系统的分析，对学校体育教育取得的成果给予了肯定。其次，从宏观视角深入剖析了学校体育发展的困境，即要素创新引领羸弱、城乡资源差距过大、共享发展较为受限、封闭发展痼疾尚存。最后，聚焦于当下学校体育发展中存在的主要问题，就这些问题进行了阐述，并将其中的重点问题确定为研究方向。

第5章，体教融合发展的经验借鉴与推进策略。本章对当下学校体育发展中的主要问题——体教融合——进行了深入的研究。第一，从新目标、新认知、新职能、新机制四个方面阐释了新时期体教融合的新内涵。第二，指出了新时期体教融合的新理念，即价值理念与治理理念。第三，从后备人才与治理两个角度切入，对体教融合的现实困境进行了全面且深入的分析。第四，对世界体育强国的体教融合模式进行了探索，并梳理出美国模式与欧洲模式，分析了国外体教融合的模式与发展经验对我国开展体教融合的启示。第五，基于上述分析，针对当下主要问题，结合在研究与实践中获取的经验，提出了较为详尽的推进策略。其中，创新性地提出了构建体教融合战略联盟，即构建一个以体育和教育为核心，同时将社会、企业、市场等多元主体纳入其中，协同发展的竞技体育人才培养体系。

第6章，"双减"背景下学校体育教学改革与创新。本章是对当下学校体育发展的主要问题——"双减"背景下学校体育教学发展——进行了深入的研究。本着理解并厘清改革的内在逻辑是把握改革前进方向的先决条件的思想，梳理和分析了"双减"背景下学校体育教学改革的核心逻辑。随后全面审视"双减"背景下学校体育教学改革过程中所面临的挑战，继而从共育机制、师资力量、课程建设、评价手段四个方面切入，构建出既符合时代背景又能满足学体育教学需求的深化改革路径，为学校体育教学高质量发展提供思路与行动指南。

第7章，体育课程思政建设的路径探析。本章对当下学校体育发展的主要问题——体育课程思政建设进行了深入的研究。首先，从社会主义核心价值观、立德树人、协同育人、显隐融合等角度对新时期课程思政建设的内涵进行了阐释。然后，从体育与思政的融合、师资、校园文化、机制、模式、教学过程等方面揭示了当下体育课程思政建设的现实困境。最后，基于上述分析，提出了体育课程思政建设的发展路径。本章从挖掘与共享两方面创新性地提出了思政资源的建设路径，有助于解决课程思政建设中思政资源不足的难题。

第8章，新时期学校体育改革与创新的热点议题。本章紧跟当下学校体育发展的趋势，选取学校体育教育评价、学校体育治理以及数字技术赋能学校体育这三个热点议题进行研究。其中，在学校体育教育评价的研究中，通过厘清学校体育教育评价的理论遵循，剖析学校体育评价的实然问题以及改革的动因，进而提出学校体育教育评价的改革与创新策略。在学校体育治理的研究中，从治理现代化的视角，从理论基础、逻辑、内涵上对学校体育治理现代化的理论依据进行了阐释，并对学校体育治理现代化的重要特征及存在问题进行了全面审视，继而提出了学校体育治理现代化的推进策略。在数字技术赋能学校体育的研究中，以技术、组织、数据、环境为切入点，对数字技术赋能学校体育改革与创新的理论进行了阐释，并从激发技术动力、增强组织动力、发挥制度动力三方面提出了推进策略。

第9章，结论与展望。本章就前文中对主要问题、热点议题的研究观点进行了归纳与整合，形成了研究结论，并阐明了三个创新点。同时，指出了本书在研究方法与研究路径方面的不足之处。最后，在数字技术与实证研究方面提出了研究展望。

1.2.3 研究方法

本书主要采用的研究方法有：

一是文献资料法。通过从国家图书馆、中国知网、Google学术、政府官方网站等查阅国内外相关文献资料，对当前学校体育的研究现状、发展成效、发展趋势、主要问题等进行系统的剖析，对当前学校体育工作的开展有了更深层次的认识，同时也为后续研究内容的选取、研究方向的选择提供了重要参考。

二是历史分析法。通过历史分析法，以重要事件、政策文件以及重要讲话为逻辑主线，对我国学校体育的改革历程进行了系统的分析，梳理了我国学校体育的改革历程，将其划分为三个阶段，即初步开创时期、积极开拓时期以及融合进取时期。

三是演绎和归纳等逻辑方法。通过对学校体育改革与创新的各主要问题，如体教融合、"双减"背景下学校体育教学发展、体育课程思政建设等进行深入探讨，同时也对热点议题如学校体育教育评价、学校体育治理以及数字技术赋能学校体育进行探析，并通过归纳与演绎方法对其中的内涵、逻辑等进行提炼与梳理，提出了推进策略与发展路径。

2

文献综述

本章分别从教育改革与创新、学校体育改革与创新两方面展开文献综述。其中，教育改革与创新不仅涉及教育政策、管理、教学方法和内容等的革新，还包括教育理念和目标的革新，对学校体育的发展有着直接或间接的影响，为学校体育提供了改革的方向和创新的借鉴；学校体育改革与创新则是本书需要深入研究的内容，涵盖了学校体育改革与创新的目标、理念、成效、困境等，通过对学校体育改革与创新领域现有文献的系统整理和分析，可以揭示当下学校体育改革与创新所面临的挑战、取得的成就和存在的不足，可以研判出该领域的热点问题、研究缺口和未来研究方向，为该领域的深入研究提供理论依据与实践经验。通过对这两方面展开文献综述，可以全面理解教育改革与创新对学校体育发展的重要性，深刻把握学校体育发展的现状和趋势，进一步明确当下学校体育发展中亟待解决的问题以及现有学校体育改革与创新研究的不足，为后续本书对学校体育改革与创新的深入研究奠定基础。

2.1 教育改革与创新的研究

教育作为社会进步的基石和国家未来发展的关键，其改革与创新显得尤为迫切和重要。随着全球化和信息化的深入推进，人类社会正面临着前所未有的挑战和机遇，这不仅对个人的知识结构和能力素质提出了更高要求，也对教育的优化和创新提出了诉求。近年来，教育改革与创新成为全球教育界关注的热点话题，从课程内容的更新、教学方法的变革，到评价体系的优化，再到教育技术的应用，教育改革与创新涉及了教育的各个方面。当下，国内外学者对教育改革与创新的研究主要围绕着概念、目标、制度、模式、评价、数字技术等方面展开。

2.1.1　教育改革与创新的概念

　　教育改革是近代以来各国政府和教育界持续关注和努力的方向，旨在通过教育的变革来应对新时期的挑战，提高教育质量，实现教育目标的现代化。虽然关于教育改革与创新的定义在国内外学术界尚未形成统一的表述，但通过综合不同学者的观点，可以对其概念和内涵进行梳理和界定。赫梅尔（1983）在第三十五届国际教育会议上的报告中强调，改革与创新是全球教育界迫切关心的问题。吴忠魁、张俊洪（1988）将教育改革和教育变革区分开来，认为教育改革是个别的、相对短暂的人为变化，而教育变革是一个比较稳定的渐变过程。王宗敏、张武升（1991）将教育改革界定为对落后的教育状况、教育思想、教育理论进行有计划、有目的的变革的过程，这一定义强调了教育改革的目标性和计划性。袁振国（1992）从教育目标的实现角度出发，将教育改革与创新理解为一种自觉行为，强调教育改革与创新是为了更好地适应社会和人的发展需求。顾明远（1992）则更加注重教育改革的规模和影响，认为教育改革是使整个教育系统或其重要组成部分发生大规模的变迁。王凤秋（2000）通过深入探讨知识在当代社会的变化对教育改革的影响，明确了知识与教育之间不可分割的关系，指出知识的变化直接影响教育的目的、内容和方式，进而引发教育实践的变革，同时强调，教育改革不仅是知识传递的方式和教学方法的变革，更是教育观念和教育体系结构的深刻变化。

2.1.2　教育改革与创新的目标

　　张荣伟（2015）深入探讨了中国基础教育改革的核心对象与目标，提出了中国基础教育改革与创新的目标，即以"立德树人"为目标，重视学生的全面发展；以专业发展为目标，强调教师的持续学习；以文化自觉为目标，促进学校内部和外部的开放合作；以家校合作为目标，倡导家庭与学校之间的互动合作；以完善高考为目标，探索更为科学、合理的人才选拔机制；以理性交往为目标，鼓励教育理论与实践的深度融合。李春玲、肖远军（2018）通过深入分析美国的STEM教育改革，揭示了美国政府在推进STEM教育改革的战略目标与中期目标。三大战略目标，即培养高素质和多样化的STEM人才；确保所有学生在教育过程中获得优质的STEM学习机会；努力提高少数族裔和女性在STEM领域的参与度。五大中期目标，即培养优秀的中小学STEM教师；鼓励青年和公众参与STEM项目；增加STEM专业本科毕业生数量；为被忽视群体提供更好的服务；为STEM劳动力的未来需求设计研究生教育课程。崔允漷等（2022）深入解读了《义务教育课程方案和课程标准（2022年版）》，着重阐述了新修订的义务教育课程方案和课程标准在新时期背景下对义务教育阶段人才培养目标的明确要求，具体包括培养目标的时代根基、学理基础、内涵意蕴，以及知识前提和课程转化实践。

2.1.3 教育制度的改革与创新

丁浩然、刘学智（2018）深入回顾了改革开放40年以来我国义务教育教材制度建设的发展历程，指出当下教材的管理仍面临责权不明确、制度不完善和管理机制不健全等问题，建议通过建立清晰的三级管理责任体系、规范管理流程、创新管理机制等措施，全面提升教材质量。程晋宽、方蒸蒸（2019）深入分析了"八年研究"和"特许学校"的改革经验，揭示了教育改革中的制度同构问题，指出教育改革不仅需要创新的理念和方法，还需要克服由于传统教育制度惯性带来的种种挑战，呼吁在制度创新中考虑更广泛的社会参与和合作，以促进教育改革的深入发展。肖磊、刘志军（2020）探讨了教育改革中制度创新的理论框架和实践路径，强调了制度创新在推动教育改革进程中的核心作用，指出通过理论阐述和实践分析，为理解教育改革中的制度创新提供了新的视角和思考框架，强调了在教育改革过程中，通过制度创新来引导和规范行动者行为的重要性，从而实现教育事业的科学发展和社会进步。朱旭东（2023）提出了推进师范教育改革创新的综合框架，强调制度、体系、体制和机制四个维度的同步改革，具体包括：对教师资格制度、学位学历制度、招生制度、专业标准制度以及专业认证的循证制度进行改革创新；构建"五育"师资培养体系，加强师范教育内容的改革创新；加强党对师范教育的领导等体制方面的改革创新；关注全面推进协同育人等机制的改革创新。

2.1.4　教育模式的改革与创新

康强（2004）深入探讨了高等教育中的"两课"，诊断了沿袭传统教学模式的各种问题，如"填鸭式"教学方法导致的学生参与度低下，以及该教学模式难以激发学生的思考和创新能力等，提出了"参与-学导式"教学模式，强调通过全面改革和新的教学组织工程的推进，优化教育资源，提升课堂教学的科学性和艺术性，达到师生良性互动、教学相长的效果。梁九义（2012）从教师导学、学生自主学习、教学设计三个方面进行了分析，探讨了混合学习对我国远程教育教学模式改革的影响，特别指出：混合学习的应用使远程教育教学模式更加成熟，能更好地满足我国现代远程教育的需求，有助于教学模式的改革和发展；通过混合学习，可以更好地体现以学生为中心的教学理念，优化教师和学生的互动，丰富教学资源和方法，从而提升远程教育的教学质量和效果。余清臣、徐苹（2014）指出新型的课堂教学模式虽被广泛推广和实践，但同时也存在对其有效性和实践过程的质疑，争议主要集中于改革的形式大于实质、教学模式成为教学的枷锁以及新教学模式可能颠覆教师传统教学风格等方面。余清臣、徐苹（2014）也强调了教育理念转换处于课堂教学模式改革的核心地位，认为加强对课堂教学模式内涵的理解和实践操作的指导，可以有效推动课堂教学模式改革向正确的方向发展，实现教育理念的转换和教学质量的提升。齐红倩、张佳馨（2022）探讨了数字技术发展对高等教育教学模式改革的影响，指出数字技术的发展为高等教育带来了新的机遇和挑战，为了充分利用这些机遇，高等教育机构、教师和学生需要共同努力，通过改变教育观念、优化教学过程、提高教师和学生的数字素养，以及建立有效的管理和服务系统，共同推动高等教育的数字化转型，积极适应和推进教育模式的变革，以提高教育质量和效率。

2.1.5 教育评价的改革与创新

近年来，教育评价的改革已然成为研究的热点，相关研究如雨后春笋般涌现。谢维和（2019）详细讨论了教育评价中的双重约束，即科学性与公共性，并以高考改革为案例来深化这一讨论，指出教育评价不仅是一种对教育活动执行过程和结果的系统调查，同时也必须考虑到科学性和公共性的要求，强调科学性要求教育评价必须简明扼要、专业分类，并在多变量中发现和突出重要变量，而公共性则要求教育评价应关注教育公平，从参与和分权的角度来分析实现公共性的途径。程天君等（2021）探讨了如何有效实施教育评价改革，以响应《深化新时代教育评价改革总体方案》的号召，指出教育评价改革应聚焦三个基本问题：评价的主体（谁来评价）、客体（评价什么）和标准（如何评价）。其目的是实现评价主体的多元化与专业化，确保评价内容的科学性和全面性，并建立科学合理的评价标准，从而推动教育评价的系统性和综合性改进。随着数字技术的提升与普及，数字技术赋能教育评价的研究显著增加，其中，李莉等（2022）探讨了区块链技术如何作为教育评价改革的关键手段，以推进教育公平并改善教育评价系统，分析了区块链技术在推进基础教育综合素质评价改革、提升在线教育评价的公信力与构建终身学习成果评价体系中的应用潜力，同时指出区块链技术在教育评价的深入应用面临着挑战，包括技术瓶颈的突破、数据隐私保护的需求，以及区块链的去中心化特性与现行以政府主导的教育评价体系之间的潜在矛盾。罗海风等（2024）从认知心理模型的视角出发，分析了人工智能技术在教育评价中的应用、价值和带来的创新性变革，指出人工智能技术的应用使得教育评价能够更加多元化和个性化，依托大数据、自适应学习、深度学习和智能分析等技术，教育评价能够实现过程导向、聚焦于高阶思维能力的评估，不仅提高了教育评价的效率和精确度，也为教育评价体系的现代化提供了新的路径。

2.1.6 数字技术在教育改革与创新中的应用

随着数字技术的飞速发展，其在教育领域的应用引起了全球教育学研究者的广泛关注。Roll、Wylie（2016）对教育领域中人工智能应用进行了深入探讨，不仅从进化的角度分析了课堂教学实践、教师与技术的合作以及技术发展本身，而且还从变革的角度考察了如何将技术与学生的学习活动相结合，以帮助学生实现学习目标。Barnes等（2016）的研究将焦点放在了人工智能技术在特定学科上的应用（例如计算机学科教学），认为人工智能不仅可以提升计算机学科的教学质量，还能显著提高教学效率，同时强调了人工智能技术在教学内容传递和学生学习过程中的应用价值，肯定了人工智能在提升教育质量和效率方面的潜力。冯春艳、陈旭远（2020）深入探讨了人工智能在教学改革中的潜在作用及其带来的挑战，认为人工智能将成为推动教育发展的关键技术支撑，通过赋能和辅助教学的创新性改革，能够在教学环境构建、双师课堂辅助、教学过程刺激以及学习结果反馈等方面发挥重要作用。刘梦非（2022）分析了人工智能技术发展对法学教育内容和教学方式的双重影响，一方面，人工智能技术的应用产生了新型法律关系和纠纷，对法律制度提出挑战，要求法学教育内容进行相应调整以适应这些新情况；另一方面，人工智能促进了教育教学模式的结构性变革，推动了教育教学方法的创新。他提出法学教育改革应立足于法律素养教育这一根本，推动法学研究成果反哺教学，加快知识结构的更新，探索人工智能特色的教学方式，强化校企合作平台的建设，以培养符合新时期需求的高素质法律人才。蒋里（2023）探讨了人工智能，尤其是ChatGPT和GPT-4这类语言模型对现代教育体系的深远影响和潜在变革。他指出，ChatGPT等人工智能技术能够为学生提供丰富的学习资源、个性化学习路径，并极大地便利教师的教学工作，将老师变成拥有人工智能加持的"超级教师"，强调教育系统应当积极拥抱技术变革，以实现兴趣驱动、自主、探究式的学习模式。

2.2 学校体育改革与创新的研究

面对全球化带来的多元文化交流、科技进步尤其是信息技术的飞速发展，以及当前学生体质健康持续下降等挑战，学校体育改革与创新显得尤为迫切和必要。在新时期，如何通过改革和创新，推动学校体育高质量发展，成为教育工作者、政策制定者和学术研究者共同关心的话题。当下，学者们对学校体育改革与创新的研究主要围绕着目标、思想、困境、政策与制度、内容、路径等方面展开。

2.2.1 学校体育改革与创新的目标

邢金明、陈钢（2014）深入探讨了美国体育的目标，指出美国体育目标的核心在于培养受过身体教育的个体，通过包括竞技、游戏、体操、舞蹈等身体活动来最大限度地实现个体的身体、社会、精神的全面发展，并以此提出了中国体育教育改革的几点启示，即满足个体的需要、教育中的竞技应回归"育人"目的等。王岗等（2016）对当前学校体育目标进行了深刻的分析和批判，特别是针对我国中小学学校体育在实践"健康第一"目标中出现的方向迷失问题；认为"强壮"更具有可操作性、直观性和科学性，能够更有效地促进学生体质的增强；提出我国学校体育应当从"健康"目标的束缚中解放出来，转而高举"强壮"的新旗帜，将强壮作为中小学学校体育的新目标。赵刚、李阳（2021）深入分析了自新中国成立以来学校体育目标体系的发展历程和演变趋势，基于"教学"与"课程"的双向视角进行了理论反思，指出我国学校体育目标体系的演进可概括为两大线索：一是从"教学论语系"向"课程论语系"的转变；二是目标体系的建构由行政化规定主导的单行线向依循教育发展规律、重视学术理论、结合三级课程管理体制确立的双向路径转变。张彩云（2022）深入分析了"四位一体"目标体系，即"享受乐趣、增强体质、健全人格、锤炼意志"的"四位一体"目标体系的生成逻辑、科学内涵及其鲜明特色，指出该目标体系的重要性在于它的战略性价值定位，即以提升学生健康程度为立足点，深入考虑国家发展的全局，聚焦学校体育的作用和功能，从而确立学校体育的未来发展方向。

2.2.2 学校体育改革与创新的思想

于素梅、黎杰（2023）探讨了新时代下学校体育的价值定位和改革方向，通过梳理我国学校体育目标要求的演变历程，即从"身体第一"到"健康第一"，再到"四位一体"，指出习近平总书记提出的"四位一体"不仅是学校体育工作的新逻辑起点，也是学校体育价值追寻与改革方向的关键指引。邵天逸、李启迪（2023）通过文本分析与逻辑思辨方法，深入分析了我国学校体育思想研究的现状和存在的问题：历史阶段的划分存在问题，难以完整囊括思想的发展历程；研究泛化问题，即过多纳入其他领域的学术概念、对思想表述及属性的多元诠释；学校体育思想研究视点存在不足，如历史研究薄弱、人物研究与流派研究选题混淆等；研究范式尚未确立，需要深度优化学校体育思想研究方法。邵天逸（2023）回顾了"健康第一"思想的历史生成，指出，尽管"健康第一"已深入人心，成为学校体育的重要指导思想，但其理论构架仍不完善，存在概念定位杂乱、论域归属混淆及目标指向不清的问题，建议厘清"健康第一"概念的内涵和表述形式，明确其与体育学科核心素养的有效对接，以及解决"健康第一"的目标指向问题，以更准确地指导学校体育的发展。邵天逸、栗家玉、李启迪（2023）综合运用文献资料、文本分析与逻辑思辨方法，从"五育并举""身心协同""身体素质发展"三个维度切入，对学校体育理念进行了深度分析与反思，认为：学校体育改革在推进"五育并举"的过程中，应明确体育在五育体系中的功能定位；在推进"身心协同发展"的过程中，应重视身心发展的步调不一给教学实践带来的困难；在推进"身体素质发展"的过程中，应注意教育学、训练学与社会学的对接中存在困境。

2.2.3 学校体育改革与创新的困境

张欣欣等（2022）探讨了我国学校体育健康教育模块改革的实施现状和存在的主要困境，指出健康教育模块的实施对提升学生健康素养、强化体育与健康学科的独特优势具有重要意义，但实际执行过程中遭遇了多重困境，具体包括：督导缺位，课时执行不到位；内容重叠，与其他学科边界模糊；衔接无序，教学内容缺乏系统组织与深度加工；形式单一，以课堂教学为主，缺乏创新性；评价匮乏，缺少对模块实施效果的评价。王健（2023）全面梳理了新时代背景下我国学校体育改革中所面临的主要问题和困境，指出在改革进程中的问题主要集中于体教融合协同发展、体育中考、体育与健康课程标准的实施以及"双减"政策下学校体育的发展等领域。薛鹏飞、曹景川（2023）指出了当前学校体育改革推进过程中面临的一系列困境，即学校体育课程体系与评价机制创新不足，体育课程内容与实践活动缺乏创新、协调发展中优质资源缺位、开放发展中的封闭现象困扰、缺少顶层设计、联动机制缺失等。吴小圆、邵桂华（2023）指出当前学校体育在改革中面临的主要挑战：要素创新引领不足导致发展后劲不足，资源配置不均衡导致城乡差距显著，资源集约效率低下与绿色化水平有待提升，封闭发展模式限制了开放程度和范围的扩展，共享理念实施不彻底导致成果受益主体范围受限。汤际澜、郭权（2024）指出我国高校体教融合面临的主要困境包括：强政府集中规制下的弱社会促进环境、多职能部门行政管理下的少利益相关者参与、高教育资源投入与低体育氛围建设之间的不均衡，过于重视学生准入资格而忽视运动员个人成长的问题。

2.2.4 学校体育改革与创新的政策与制度

张文鹏（2015）全面分析了自1902年以来中国学校体育政策的历史演变、现状与未来发展方向，指出中国学校体育政策的主要困境包括政策制定与执行中的问题、资源分配不均、学校体育与教育整体目标的不协调等，并提出了中国学校体育政策改革的四条路径，即：理论路径强调推动学校体育政策目标的多元化、具体目标的操作化及实施目标的绩效化；现实路径建议加强政策制定主体间的协调、促进协同作用，以提升学校体育政策的效果；关键路径涉及建立学校体育政策的评估体系；根本路径着眼于增强公众对学校体育的文化、社会及心理认同。张莉清等（2019）指出当前我国学校体育政策制定主要面临政策制定模式长期偏重于渐进主义、政策制定者在信息获取渠道中处于劣势地位等问题，提出要通过针对学校体育政策中的弹性内容建立授权机制、自下而上完善信息反馈渠道、建设学校体育政策智库等以提升政策制定过程的科学性、合理性和效率性。邓饵姣、王华倬（2020）采用话语分析法和文本分析法，系统梳理了我国学校体育政策话语的转变历程，指出学校体育政策在不同历史时期内，根据社会发展的需求和国家政策的指导，逐步形成了具有时代特色的政策话语，表现出延续性、一致性、发展性和突破性的特征。邓饵姣、王华倬（2020）建议：强化学校体育政策的顶层设计，提高话语本身的科学性；合理分配学校体育政策的价值，增加话语对象的认同度；赋予不同利益主体政策话语权，扩大话语内容的民主性；推进学校体育政策的协同联动，实现话语过程的智慧化。刘海元等（2023）深入分析了我国新时代学校体育工作制度的设计与改革路径，指出当下学校体育在工作制度建设层面仍存在一些不足，如督导缺位，课时执行不到位，内容重叠与其他学科边界模糊，衔接无序，教学内容缺乏系统组织与深度加工，形式单一缺乏创新性，以及评价匮乏缺少对模块实施效果的评价等；提出要扎实贯彻"体育与健康课程标准"的新理念，完善学校体育活动多主体共治体系，形成促进学校体育高质量发展的新合力与新格局。关清文等（2024）基于注意力配置理论，构建了"结构要素-决策属性"分析框架，以此探讨了新时代十年内我国青少年和学校体育政策的注意力配置，指出新时代十年的青少年和学校体育政策具有政策之间互动性更强、融入领域更广泛、压实执行责任更细等显著特征。

2.2.5　学校体育改革与创新的内容

学校体育改革与创新是教育领域关注的热点之一，旨在响应新时期教育需求，提升学生的身心健康水平，促进其全面发展。近年来，随着社会对健康的重视和教育模式的转变，学校体育改革与创新的研究内容变得更加丰富和深入，涵盖了体育中考改革、体教融合、学校体育教育评估、体育课程一体化建设、体育课程思政教育以及"双减"政策下学校体育的发展等多个方面。

1.体育中考改革

肖紫仪等（2024）深入分析了体育中考中体质健康测试的理论基础、现实困境及其改革的必要性和方向，指出虽然体质健康测试的引入旨在促进学生的健康发展，但在实际操作过程中却存在多个问题，包括测试的导向失准、对体质健康本质的认识可能失真以及可能导致体育的多元价值失落等；提出体育中考体质健康测试应强化学生增强体质健康的内在动机，减少外在约束，实现体质健康测试"反馈-激励"要旨的复归。孙民康、孙有平（2024）通过研究发现中考体育改革遵循了增加考试权重、提升考试分值和扩充考试内容的逻辑主线，指出改革在加强中学体育和增进学生健康等方面取得了一定成绩，但同时也面临学科地位与课时占比难以保证、分值提升促进作用与分值效能依旧低下、内容扩充功利化与应试化现象严峻等困境。

2.体教融合

张龙（2023）认为体教融合是以青少年全面发展为目标，以价值理念创新为先导，以体制机制改革为动力，以资源整合为手段，以完善措施为保障的育人模式或过程；提出应深入学习、理解和运用习近平新时代中国特色社会主义思想，把握体教融合的整体性与协调性，构建体育教育社会共同体，完善全周期体育教育体系，强化体育教育保障体系，推动体育切实回归教育本源、与教育深度融合，为青少年健康发展和人的全面发展提供坚实保障。王耀东等（2023）指出体教融合下的高校体育教学面临诸多挑战，包括体育人文内涵流失、育人环境待优化、课程内容缺乏特色、竞赛体系不完善、教学评价体系不健全，以及退役运动员、教练员缺乏系统培训等问题；强调体教融合作为推进体育教学改革、释放体育育人功能与价值的关键，其核心在于推动"健康第一"理念的正确贯彻，实现"教会、勤练、常赛"的有效落实以及促进高校体育教师队伍的建设。周亦珩等（2023）分析了东南大学的案例，指出通过体育教学、课外体育和校园体育文化"三位一体"的协调发展，能够有效推进体育育人工作；提出融入思政元素、强化课外活动、完善毕业体育标准、营造优良的校园体育文化氛围、发挥高水平运动队的引领示范作用、搭建多渠道多形式的舆论宣传平台、丰富和规范学生体育社团、建立学生体育工作双向考评体系等策略。

3.学校体育教育评估

李乐虎等（2021）在研究中指出第三方组织参与学校体育监督评估的动机得到强化，随着政策的持续出台，参与机制正在形成，但同时也存在参与监督评估的社会组织较少、发育缓慢、制度供给不足、社会组织定位失准和缺位严重等问题；建议积极培育社会组织、提升社会组织的治理能力、加强立法建设、强化制度供给、构建认证标准、规范准入程序、完善再监督机制，明确监督考核方向。程宇飞等（2022）基于马克思主义哲学关于人的全面发展理论和教育评价的人学理论，明确了学校体育教育评价的根本目标、动力源泉、本质要求和现实表征；指出当前学校体育教育评价面临的主要困境包括评价目标认识偏差、评价主体协同不足、评价方法工具化泛滥以及评价内容单一化倾向。王宁宁、程文广（2022）基于文献分析和逻辑递推的方法，系统审视了学校体育教育评价目标、主体、客体、内容的变化历程及发展趋势，指出学校体育教育评价改革的动因主要来源于对人的全面发展理论的深入理解、教育评价的认知升级、价值判断的变化以及现代评价方法的需求，强调深化学校体育教育评价改革对于推动教育现代化、实现中国梦的实现具有深远意义。

4.体育课程一体化建设

于素梅（2019）指出体育课程作为学校实施素质教育和服务学生终身体育需求与身心健康发展的重要载体，其一体化建设能有效实现体育课程价值的回归，体现"育体"与"育心"的融合；强调一体化体育课程的构建应基于纵向衔接、横向一致、内在统一和形式联合的基本内涵，形成一个覆盖学前、小学、初中、高中至大学各个学段的课程体系；建议通过实现"育体"与"育心"的融合，突出体育的教育、健身和娱乐功能，从而促进学生的全面发展。王祥全等（2021）认为体育课程一体化的推进面临诸多困境，主要包括政策法规针对性不强、理论体系不健全、教学目标和教学评价缺乏"一以贯之"的主线、学生学业信息缺乏追踪数据等；提出了具体的推进策略，包括加强针对性的国家政策法规建设、构建统整的学科知识体系、强化教学过程各要素的内在联结、加强课程衔接机制建设等。于素梅（2021）探讨了体育课程一体化建设的重要性，提出了体育课程要形成一个"纵向衔接、横向一致、内在统一、形式联合"的完整体系，以更好地满足学生对运动与发展的需求；强调为实现这一目标，需要建立一个联动机制，该机制应在"生本化"理念、"层次化"目标、"结构化"内容、"多样化"实施和"多元化"评价的基础上联合发力。

5.体育课程思政教育

赵富学等（2020）指出体育课程的教育价值在于贯穿整个学校教育场域，强调体育课程中的育体价值和立德功能需要在学校体育的顶层设计和实践路径中完整展现；强调体育课程思政建设不仅需要教育理论的支撑，还需关注体育课程与思政资源的整合，以及课程实施过程中的实践探索和创新；同时提出，课程思政的建设应通过构建体育课程思政建设的"制度群"、明确课程责任与要求、提升教育内容设计的系统性和有序性、筛选和重组体育课程资源，以及形成有效的检视制度和督导方式去进行。赵富学等（2021）指出体育课程思政建设应正确识别"育体"与"铸魂"同向的学理起点，将学生道德修养的培育与身体教育统一在体育课程实施过程中，以此指导体育课程更能动地承担起培养学生社会责任感和核心素养的任务；提出了构建体育课程思政建设成果的落实制度、构建体育课程思政建设的协同配合机制、建立体育课程与思政课程的常态交流机制及配合制度等关键对策。丰涛、赵富学（2023）认为资源建设、经验建设、平台建设和主体建设是全面推进高校体育课程思政建设的关键，指出通过建立资源共享机制、完善经验交流、深化平台建设导向和推动主体合作，可以有效推进高校体育课程思政建设的长效化与高质量发展。

6."双减"政策下学校体育的发展

张然、张楠（2022）探讨了"双减"政策对学校体育高质量发展的积极影响，指出了当下所面临的主要困境，包括共育机制作用缺失、学科应试问题突出、学段课程衔接不畅、课程内容融合欠缺、教师队伍建设不足、资源配置覆盖不均、纵向评价手段单一、横向评价维度片面等；提出了一系列优化路径——健全人才培养机制、突破应试教育思维、深化体育课程改革、坚守体育教育理念、优化师资配置建设、推动资源精准覆盖、建立多维评价体系、完善科学评价机制等。吴毅、荣凯（2023），深入研究了在"双减"政策背景下，社会力量参与中小学体育课后服务的重要价值和面临的主要难点，以及为实现有效参与所需采取的路径；指出了存在的主要难点，包括制度有待完善、机制不健全、缺乏协同发展和有机联动、主体力量薄弱、服务保障受限、惠及面不广、难以满足需求等问题；提出了相应的路径，包括完善顶层设计、健全长效机制、强化协同联动、塑造合作共同体、盘活优势资源、凝聚多方力量、提升供给水平、实现全线升级等，旨在推动课后服务的资源建设，提升学校课后服务水平。董取胜等（2023）指出"双减"政策背景下的中小学体育教学改革，不仅需要理念的革新和内容的更新，更需要在实践中探索和构建合理有效的改革路径，并在此基础上提出了优化人才培养新定位、重塑教师素养新标准、展示体育全面育人价值和打造课后服务新载体等具体策略。

2.2.6　学校体育改革与创新的路径

杨雅晰等（2017）综合运用文献资料法等研究方法，对当前学校体育发展进行了反思，并基于供给侧结构性改革的视角，探讨了学校体育的发展路径，指出我国学校体育发展的关键在于：建立健全的政策体系、完善学校体育内容体系、构建多元化的青少年体育服务体系及资源配置体系，以及打破教育系统与体育系统的行业壁垒，整合资源服务于竞技体育、群众体育、体育产业。黄道名等（2018）分析了在"健康中国2030"战略背景下学校体育改革面临的主要问题并提出了相应的改革路径，具体包括：站在实现中华民族伟大复兴的高度实施学校体育政策，将"健康"和"教育"作为学校体育工作的出发点和落脚点，落实责任，完善学校领导与教育主管部门的共管工作机制，强化保障体育教师的教学能力与职业使命，建立学校、家庭、社会体育的联合机制，精心设计体育项目，提高学生参与体育锻炼的兴趣。白亮、宋宗佩（2018）指出学校体育改革面临的主要问题包括改革政策顶层设计的困境、改革内容科学统一的不足、与学生体质增强的矛盾以及与现代体育的冲突；提出了发展路径，即重视顶层设计与基层智慧的良性互动，推动科学统一与本土资源的多元衔接，促进体质增强与体育教育的相互融入，以及提升学校体育改革的文化自觉。从灿日、王志学（2020）讨论了在"严出"（严格毕业要求）取向下，高校体育课程改革的必要性、内涵、制度依据及历史借鉴，并提出了改革的具体推进路径，具体包括：依托体育技能等级考核标准，严格掌握技能学习；强化课外体育锻炼的过程性监测与考核，对课外体育锻炼效果严格把关；强化体育健康理论知识的传授，提升体育理论素养；实施教考分离，强化"严考"机制；强化与完善高校体育课程"严出"的外在驱动力与执行机制。梁伟等（2021）提出要以习近平总书记对教育和体育的重要论述作为指引，将"立德树人"作为改革的根本，深挖体育课程的思政元素，聚焦"教会、勤练、常赛"，树立终身体育思想，强化科学有效的健身指导，全面改善办学条件，提升体育教学保障水平。

2.3 文献述评

2.3.1 实证研究和案例分析的不足

实证研究和案例分析在学校体育改革与创新研究中发挥着至关重要的作用，两者不仅能够为理论提供实践验证，还能够揭示改革过程中的实际问题和有效解决策略。现有研究更倾向于从宏观角度进行理论讨论和政策分析，而缺乏对具体改革实践的深入探究，其不足之处如下：

（1）缺乏深入的现场观察和数据支撑。理论和政策分析虽然能够为学校体育改革提供宏观指导，但缺乏基于实际教学场景的详细观察和数据分析，没有充足的实证数据支持，理论假设和政策建议的有效性和可行性难以被准确评估。

（2）未能充分展现改革的多样性和复杂性。学校体育改革与创新在不同地区、不同类型的学校以及不同文化背景下会呈现出多样化的实践模式。缺乏案例分析限制了对这些多样性和复杂性的反映，进而影响了改革策略的针对性和适应性。

（3）理论与实践之间脱节。理论探讨和政策分析的抽象性可能导致其与学校体育的实际情况存在脱节，使得改革建议难以直接应用于具体的教育实践中。缺乏对实际改革案例的深入分析，难以为体育教师和学校管理者提供直接的操作指南和改进建议。

（4）改革效果的评估不足。没有实证研究和案例分析的支撑，学校体育改革的效果难以被系统评估和量化。这不仅影响了对已实施改革的有效性评价，也制约了未来改革方向和改革策略的科学制定。

为了克服这些不足，未来研究需要更多地采用实证研究方法和案例分析策略，通过具体案例的收集、分析和讨论，深化对学校体育改革实践的理解，从而更好地融通理论与实践，提升学校体育改革与创新研究的实用价值和社会影响力。

2.3.2 数字技术在校园体育改革与创新中应用的研究

数字技术在校园体育发展中扮演着越来越重要的角色，然而，关于数字技术在校园体育改革与创新中应用的研究仍存在若干不足，具体如下：

（1）数字技术融合效果的评估不足。虽然许多学校尝试将数字技术融入体育教学，但对数字技术融合后在提高学生体育学习兴趣、促进体能发展以及改善体育教学效果方面的系统评估研究较少。缺乏量化和定性的研究结果使得教育者难以把握技术融合的实际效益。

（2）技术使用的平等性和可及性研究不足。随着数字技术在校园体育中的应用日益增多，如何确保所有学生都能平等地访问和利用这些技术资源成为一个关键问题。现有研究很少关注数字鸿沟对学校体育公平性的影响，以及如何通过政策和实践策略来缓解这一问题。

（3）技术融合的教师培训和职业发展研究不足。教师是学校体育改革与创新中的关键角色，但关于如何培训教师有效使用数字技术以及这些技术如何影响他们的职业发展的研究相对缺乏，限制了教师在校园体育改革与创新中发挥更大的作用。

（4）长期影响和未来趋势的探索不足。关于数字技术在校园体育中应用的长期影响和未来发展趋势的研究较为有限，包括技术发展对学校体育文化、学生体育参与方式以及体育教学方法的长远影响。

3

新时期学校体育改革与创新的理论基础

3.1 新时期学校体育改革与创新的内涵阐释

3.1.1 新时期的内涵

党的十九大报告指出："经过长期努力，中国特色社会主义进入了新时代，这是我国发展新的历史方位。"中国特色社会主义进入新时代，使中国的发展站到一个更高层级的历史方位上。以历史脉络观之，中国特色社会主义进入新时代，是承前启后、继往开来、全面深化改革、续写中华民族伟大复兴华章的时代。在中国特色社会主义进入新时代背景下，中国不仅在新的历史时期继续夺取中国特色社会主义的伟大胜利，也展现出了前所未有的创造力和社会主义的强大生命力。自改革开放以来，中国共产党领导全国各族人民走中国特色社会主义道路，极大地激发了中国人民的创造力，使中国以全新的姿态出现在世界舞台上。从实践视角观之，中国特色社会主义进入新时代，是"决胜全面建成小康社会、进而全面建成社会主义现代化强国的时代"。全面建成小康社会不仅是党向人民、向历史作出的庄严承诺，更是中国特色社会主义新时代的必然要求和历史任务，建成社会主义现代化强国标志着中国在一百年内完成了发达国家几百年走过的现代化路程，展示了中国人民和中华民族在新时代的伟大自信和自强。从人民视角观之，中国特色社会主义进入新时代是全国各族人民团结奋斗、不断创造美好生活、逐步实现全体人民共同富裕的时代。从民族视野观之，中国特色社会主义进入新时代还意味着全体中华儿女勠力同心，奋力实现中华民族伟大复兴中国梦的时代。经历了历史性变革的中国，比历史上任何时期都更加接近、更有信心和能力实现这一伟大目标。从世界角度观之，中国特色社会主义进入新时代是我国日益走近世界舞台中央、不断为人类作出更大贡献的时代。

随着中国特色社会主义进入新时代，中国的学校体育改革与创新也步入了崭新的历史时期。

3.1.2 改革与创新的内涵

改革与创新是推动社会进步和发展的两个重要动力，在推动文明发展的历程中起着不可或缺的作用，二者虽有着不同的焦点及特点，但在实质上共同参与了对现状的反思与对未来的构想，展现了人类对于更加理想状态的不懈追求。

改革，作为一种深植于社会结构与制度中的动力，其本质是对现存问题的诊断和解决，是一种自上而下或自下而上的社会变革过程，旨在通过调整和优化现有的规则、体制和习俗，解决社会矛盾，提高制度效能，促进公平与正义。改革不仅是一种动力，更是在历史长河中不断进化的力量。它的历史轨迹同人类文明的发展史紧密相连，从启蒙时代那些旨在解放思想束缚的改革，到工业革命期间对社会结构和经济模式进行根本性重塑的尝试，乃至当代社会中，为响应新时期挑战而进行的政治、经济和文化领域的深层次改革，每一次改革的浪潮都是对更加公正、更高效、更为人性化社会秩序的追求和构建。其动力源泉在于对现状的深刻反思和对未来的美好憧憬；其所涉及的领域也较为广泛，包括但不限于法律制度、经济体制、政治架构和社会习惯等各个层面；其过程往往伴随着辩证的思考，即在保留有价值的传统基础上，勇于否定那些不合时宜的成分，以期达到社会的自我更新和自我完善，同时，努力打破旧有框架的限制，通过创新思维和方法，寻找解决问题的新途径。改革的意义并非仅停留在解决问题上，更在于它能激发社会活力和潜能，通过改革，不仅可以释放社会和经济的发展潜力，促进资源的更合理分配和利用，提高国家和社会的整体竞争力，还有助于强化社会的包容性和公正性，为不同群体提供更多的发展机会，促进社会的和谐稳定。

在全球化的今天，改革的意义更加凸显，面对快速变化的国际环境和日益复杂的内外部挑战，只有不断深化改革，才能使社会保持活力，使国家保持竞争力，使中华民族实现伟大复兴的梦想。

创新，作为时代进步的驱动力，是指在知识、技术、产品、服务和管理等方面引入新元素的过程，它不仅是改进，更是跨越。创新不仅在于简单地改进或优化，而是通过一种创造性的破坏——挑战和颠覆旧有的规则、思维模式和工作框架，带来根本性的变革和新的价值创造。这种破旧立新的过程引入了革命性的新思想、新技术或新方法，推动社会和经济结构快速转型，加速发展进程。在全球化和信息化高度发展的今天，创新的重要性更是被放在了前所未有的高度上，国家、地区的竞争力，越来越多地依赖于其创新能力——产生和实施新想法的能力。创新不仅限于科技领域，如硅谷以技术创新驱动全球科技产业的发展，更包括社会管理、教育、医疗等领域的创新。这些创新活动不仅推动了经济的增长，也改善了人们的生活方式，促进了社会的整体进步。新时期，创新以其内在的颠覆性和前瞻性，成为解决当今世界面临的各种复杂问题、驱动社会发展、引领时代潮流的关键力量，从气候变化到能源危机，从健康问题到教育问题等，无一不需要创新思维和创新解决方案。故而，培育和激发创新能力，不仅是推动经济发展的需要，更是解决全球性挑战、实现可持续发展目标的重要途径。

3.1.3　新时期学校体育改革与创新的内涵

新时期学校体育改革与创新应紧紧围绕习近平总书记所提出的全面深化改革、促进全民健身与加快建设体育强国的战略目标展开，是在深入了解过去学校体育教育实践中所存在的问题的基础上，立足于当下的发展，对现有的体育教学理念、内容、方法、管理等方面进行的系统性、计划性的改革和创新活动，旨在解决当下在学校体育教育中存在的几个显著问题，如评价标准单一、资源配置不合理等，进而使学校体育的开展适应社会发展需求，提升体育教学质量，促进学生全面发展。这种改革涵盖了从教育政策、课程设计、教学方法到评价体系等多个层面，不仅关注学生体能的提升，更加强调学生身心健康、社会适应能力、终身体育观念的培养，以及对体育文化的传承和创新。具体到教育政策层面，需要构建更加开放、包容和灵活的体育教育政策环境，鼓励创新思维和实践的尝试；聚焦到课程设计层面，应强调学科之间的融合，以学生为中心，注重培养学生的实践能力、创新能力和批判性思维能力；落实到教学方法层面，则应更加侧重于引入现代信息技术和教学手段，采用更加灵活多样的教学模式，以满足不同学生的学习需求；聚集到教学评价层面，应建立更加科学合理、全面评价学生体育学习成果的体系，在体育学习上给予学生正向激励，以促进学生终身体育观念的形成。

3.2　新时期学校体育改革与创新的必然性分析

新时期学校体育改革与创新是应然之举，它不仅顺应了时代发展的潮流，也顺应了国家战略的呼唤和人民对健康的需求。随着社会的快速进步和科技的不断革新，人们对于教育的期待日益提高，尤其是在体育教育领域，期望通过更加科学、系统和创新的方式，促进学生的全面发展和健康成长。在这样的背景下，推动学校体育改革与创新，不仅是教育系统内部优化和升级的必要步骤，更是建设体育强国、提高国民整体健康水平、培养具有时代精神和社会责任感的青少年的重要途径。因此，在新时期，从提升教育质量、促进学生健康发展到满足社会对体育人才的需求，学校体育改革与创新无疑是一项重要的、战略性的工作，它的推进和实施有着深远的意义。

3.2.1　响应社会发展的需求

在全球化背景下，新时期的体育不仅是国际交流的重要途径，也是促进人民健康、快乐生活的重要因素。随着社会经济的发展和科技的进步，人们对于体育活动的需求日益多样化，传统的体育教育模式已难以满足现代社会的需求，迫切需要通过改革与创新，提高体育教育的质量和效率，使之更加科学、系统、多元化。同时，在新时期，社会对人才的需求发生了翻天覆地的变化，复合型、多元能力人才越来越受欢迎。特别是团队合作、创新思维、跨文化交流等方面的能力，成为社会对现代人才的基本要求。因此，学校体育教育作为国民教育体系的重要组成部分，其改革与创新成为迫在眉睫的任务，我们必须重新审视体育教育的目标和内容，采取创新的教学方法和手段，以适应社会发展的新需求；不应再局限于传授基本运动技能和提高学生体质，而是要更加注重培养学生的综合素质，如团队合作能力、领导能力、社会责任感，以及适应全球化社会的跨文化交流能力。

3.2.2　促进学生全面发展的要求

随着教育观念不断更新，人们逐渐认识到体育在学生身心健康、性格塑造以及社会适应能力强化等方面的作用。体育活动的价值不仅仅体现在增强学生体质和健康上，更是体现在通过各种体育项目和团队活动，培养学生的合作精神、决策与领导能力、公平竞争的态度以及面对困难时的坚持和勇气，这些品质对学生的个人成长和未来社会生活都至关重要。因此，面对新时期体育活动的新要求和新挑战，学校体育改革与创新显得尤为迫切和必要。这不仅要求我们对体育教育的目标、内容、方法和手段进行全面的思考和调整，还要求我们在保持体育活动本身的趣味性和参与性的同时，更加注重发挥其在促进学生身心健康、提升社会适应能力、培养国际视野和文化自信方面的功能。通过引入更加科学和系统的体育教学方法，融入多元文化元素，强化体育与健康、体育与教育、体育与文化的内在联系，可以使体育教育更好地满足现代社会的需求，为培养全面发展的现代公民奠定坚实的基础。

3.2.3 适应国际竞争的战略需求

新时期，体育已经超越了传统的运动竞技范畴，成为国家间进行文化交流、展示国家形象乃至进行软实力竞争的重要平台。学校体育改革与创新，作为培养国民体质和体育竞技水平的基石，起着至关重要的作用，其不仅关乎体育本身的发展，更是关乎国家战略层面的需求和布局，体现了一个国家对健康、文化、教育以及国际地位的重视。通过学校体育的改革与创新，可以有效提升国民的身体素质，不仅能增强国家的公民健康水平，还能够培养出更多优秀的人才；通过引入国际先进的体育教学理念和技术，举办国际体育赛事和交流活动，学生们不仅能提升自己的体育技能和竞技水平，还能增进对其他国家和文化的理解和尊重，并且在交流中增进友谊，促进国际社会的和谐共处；通过体育活动的普及和体育成绩的提升，不仅能够展现一个国家青少年的活力和健康状态，也能反映出一个国家在教育、科技、文化等多个领域的综合实力和发展水平；通过体育赛事、体育活动的国际传播，可以构建积极向上的国家形象，增强国际社会的认同感。

3.2.4　顺应科技进步带来的教育变革

随着云计算、人工智能、大数据等数字技术的飞速发展与广泛应用，教育方法和管理手段正在经历一场深刻的变革，体育教育领域亦是如此。数字教育在体育教育领域的应用逐渐丰富，为学校体育教育提供了全新的视角和可能性，促使其朝着更加个性化、互动化和智能化的方向发展：其一，数字技术的应用愈发普及，使得体育教学能够根据学生的身体条件、兴趣爱好和学习进度提供定制化的训练计划和教学内容，通过智能穿戴设备和健康监测应用，教师可以实时获取学生的体能数据，如心率、速度、耗能等，进而调整教学策略，以满足每个学生的个性化需求。其二，数字技术的应用为学校体育教学提供了丰富的教学资源，利用虚拟现实（VR）、增强现实（AR）等技术，学生通过在线观看教学视频学习技术动作，依托于 VR 和 AR 技术进行沉浸式学习，不仅增加了学习的趣味性，还大大提高了教学效率和学习效果。其三，随着科技的发展，体育教学不再局限于传统的运动项目和训练方法。例如，通过大数据分析，教师可以更科学地制订训练计划，预测运动伤害风险；同时，人工智能辅助的运动分析工具可以帮助学生更准确地掌握运动技巧。其四，数字技术在信息管理系统、学生健康数据管理平台应用的不断普及，使得学校体育教育管理更加智能化、高效化。不仅教师可以轻松管理学生的出勤、成绩和健康数据，学校管理层也能够通过数据分析评估教学效果，为教学决策提供科学依据。

新时期学校体育改革与创新并不仅仅是一项教育领域内的调整，而是一个全社会层面的战略性工程，其紧密联系着时代发展的步伐，不断响应着国家战略的布局、人民对健康的期待，以及技术进步带来的新机遇。随着社会对体育活动需求的多样化和对复合型人才的需求日益增加，不断推进学校体育教育的改革与创新是建设体育强国的必由之路，也是提升国民整体健康水平的有效途径，更是培育新时期青少年健康成长的重要保障。通过实施更为科学、系统和多元化的学校体育教育，我们不仅能够促进学生的全面发展，提高学生的综合素质，还能够为学生们打开一个更为宽广的世界视野，培养具有国际竞争力的全球公民。面向未来，学校体育教育的改革与创新需要顺应科技发展的趋势，整合创新技术和教学理念，为学生提供更加丰富、高效、个性化的学习体验。同时，它也将更加注重培育学生的社会责任感、团队协作能力和跨文化交流技能，为社会培养出更多具备全面能力、健康体魄和高尚品德的新时期青少年。因此，学校体育改革与创新不仅是学校体育发展的必由之路，也是社会进步的重要推动力。

3.3　新时期学校体育高质量发展的目标检视

3.3.1　促进学生享受乐趣、增强体质、健全人格、锤炼意志

　　在新时期教育体系中，学校体育被赋予了更加重要的角色，这不仅体现在促进学生身体健康上，而且扩展到了培养学生的人格、意志力和社会责任感等多个方面。习近平总书记强调，加强学校体育工作，推动青少年文化学习和体育锻炼协调发展，帮助学生在体育锻炼中享受乐趣、增强体质、健全人格、锻炼意志。

1.促进学生享受乐趣

体育教学应当坚持"以人为本"的原则，尊重学生身心发展规律。将享受乐趣置于体育教育的核心，是对教育本质的回归，是对学生身心健康的深切关怀。在体育教学的过程中以享受运动的乐趣为主，能使学生的主观能动性得到充分的发挥，他们在享受乐趣的同时，也在不知不觉中提升了自身的体能、培养了良好的合作精神、锤炼了坚强的意志，并通过与他人的交往增进了社会适应能力。这种以学生为中心，注重个体发展需要的体育教育目标，更能激发学生的潜能，促进其全面发展。将享受乐趣作为体育教育的核心，还能有效减轻学生的学习压力，使体育活动成为他们释放压力、寻找身心平衡的一种方式。在体育活动中，学生可以暂时忘记学习的烦恼，通过运动释放压力，享受运动带来的快乐和放松，从而能够以更加积极健康的心态投身到学习与生活中。

2.促进学生增强体质

增强学生体质是体育教育的最根本的目标。体育教育可以提高学生的身体素质，包括力量、耐力、速度、柔韧性和协调性等方面的提升，通过有组织的体育教学活动，学生可以在运动中锻炼身体，增强体质、增进健康。力量是体育运动的基础，它不仅关系到运动表现的优劣，还直接影响到日常生活的质量；耐力训练可以提高心肺功能，提升学生的学习、运动状态；速度和柔韧性的培养使学生在运动中更为灵活，减少运动损伤的风险；协调性的提高，则能够帮助学生更好地掌握和执行复杂的动作，提高运动技能。身体素质的提升，不仅对学生的体育活动表现至关重要，也对其日后的生活品质有着积极的影响。

3.促进学生健全人格

健全人格是强调在学校体育教育中不仅要关注学生的身体素质提升，也要重视心理健康的培养。新时期，学生面临着学业、人际关系等多方面的压力，通过体育活动促进其身心健康成为体育教育中不可或缺的一环。以团队协作、目标设定和竞技挑战等形式参与到体育活动之中，能为学生提供丰富的情感体验和心理挑战，有助于提高学生的自信心、抗压能力和心理适应能力。在运动中，学生需要正确面对胜负，学习如何设定合理的目标，如何在团队中发挥作用。通过体育活动，学生可以学会自我激励，培养乐观的生活态度，同时也能学会如何处理压力和挑战，对其在成长过程中如何面对各种困难和挑战具有重要意义。体育活动提供了一个放松心情、减轻压力的好途径。在快节奏的学习生活中，体育活动成为学生释放压力、恢复精力的有效方式，在运动过程中放松身心，使自己身心愉悦，不仅能够在短期内提高学生的幸福感，还能够在长期的坚持中培养学生积极面对生活的态度。

4.促进学生锤炼意志

锻炼意志，是指在面对困难和挑战时，能够坚持不懈，勇往直前的心理品质。在体育活动中，学生不可避免地会遇到技能上的挑战、体能的极限甚至是比赛的失利，这些都是锻炼和展现意志力的绝佳机会。通过体育教育，学生可以学会如何设定目标、如何面对失败和挫折、如何通过不懈努力达到目标，这些过程对于培养学生的毅力和坚韧不拔的意志具有不可估量的价值。体育锻炼不仅能够提高学生的身体素质，更能够培养他们面对生活中各种挑战和困难时不轻言放弃的精神。通过教师设计合理的体育课程和活动，既能激发学生的兴趣，又能适度地推动他们超越自我，经历从挑战困难到克服困难的过程，从而在实践中锻炼和提高他们的意志力。集体意志的锻炼，对于学生形成良好的社会适应能力和团队意识至关重要。例如，在团队体育项目中，学生不仅要锻炼个人的意志，还需要学会如何为了团队的目标而努力，如何与队友协作，共同克服困难。体育锻炼的深远意义不仅在于提升学生的身体素质，更在于通过体育活动的参与和体验，促进学生心理品质的成长，帮助他们建立积极向上的人生态度，为他们未来的生活和学习奠定坚实的基础。

3.3.2　为提高体育竞技水平提供保障

新时期学校体育面临的使命和挑战在于，保障青少年全面发展的同时，通过科学、系统的方式提高体育竞技水平。学校体育改革与创新的关键点之一在于，充分发挥学校体育在提高体育竞技水平中的基础性作用，通过体教融合的模式，培养出优秀的竞技体育后备人才，为提高竞技水平提供保障。学校体育是体育人才培养体系的重要组成部分，不仅为青少年提供了初步接触和学习各类体育项目的机会，也是培养体育竞技后备人才的重要基地。故而，在学校体育的发展中，教学、训练、竞赛体系的建立和完善显得尤为重要，需要通过有效的课堂教学和丰富的课外活动，让学生掌握基本的体育知识和运动技能，培养学生对体育运动的兴趣和热爱，为后续的专业训练打下坚实的基础。体教融合是提高体育竞技水平的有效途径，通过体教融合可以实现体育资源和教育资源的有效整合，为体育人才的选拔和培养提供更加科学、系统的支持。在具体实施过程中，需要对不同年龄段的学生进行科学的选拔和分类培养，为有潜力的运动员提供更专业、更系统的训练，同时确保他们在接受专业体育训练的同时，不会忽视基础教育的学习，保障学生全面发展。以足球为例，校园足球的推广和发展不仅有利于提高学生的体育素质和技能，更是实现体育竞技水平提升的重要手段。通过组织校内外的足球比赛，建立起从校园到社区、从基层到高级别的竞赛体系，不仅可以激发学生的参与热情，还能为足球人才的发掘和培养提供有效途径。譬如，通过"满天星训练营"等项目的实施，可以集中优秀的教练资源，对有潜力的学生进行集中训练，提高训练效果，加速优秀足球后备人才的成长。

3.4　新时期学校体育改革与创新的本质要求

3.4.1　贯彻"新发展理念"引领指导

2015年10月，在党的十八届五中全会上，习近平总书记明确提出并系统论述了创新、协调、绿色、开放、共享的新发展理念。习近平总书记在党的二十大报告中强调："贯彻新发展理念是新时代我国发展壮大的必由之路。"

新时期，学校体育发展的目标不仅仅是提升体育技能和增强体质，更是促进学生全面发展，提高体育竞技水平，实现"立德树人"的根本任务。理念是行动的先导，发展理念从根本上决定着发展成效乃至成败，新时期学校体育改革与创新应全面贯彻"新发展理念"的引领指导。

1.创新发展成为核心动力

学校体育的创新发展要求在政策制度、教学内容和评价机制等关键领域进行持续创新。政策制度的创新需要突破传统的体教结合模式，向体教融合转变，形成更加规范化和具有操作性的政策体系；教学内容的创新不仅要求课程体系的顺畅衔接和内容的及时更新，更要求课后延时体育服务的多元化和个性化，以满足学生的个体差异和需求；评价机制的创新应致力于平衡应试教育和素质教育的关系，利用信息技术提升教学和学习评价的效率和公正性，建立差异化、全过程、全周期的评价体系。

2.协调发展成为内在要求

学校体育的协调发展要求正确处理城市与乡村、不同区域之间的体育教育关系，推动发展要素尤其是体育人力资源和场地器材等资源在城乡、区域间的合理流动和优化配置。此举意味着更多的优秀退役运动员和体育专业研究生将进入校园任教，不同区域的学校体育资源差距将逐步缩小，确保所有学生都能享受到高质量的体育教育。

3.绿色发展成为普遍形态

学校体育的绿色发展强调在节约资源和保护环境的基础上推进体育活动，要求合理利用教学资源和场地设施，提高活动效率和质量，同时注重体育活动与自然生态环境保护的共生共赢。通过引入绿色发展理念，构建和谐的学校体育生态系统，确保学校体育的可持续发展。

4.开放发展成为必由之路

学校体育的开放发展要求打破体育学科自身的封闭性，推动体育与其他学科的融合发展，消除学校体育与竞技体育、社会体育之间的隔阂。此举意味着优秀的竞技体育后备人才可以通过学校体育进入竞技体育行列，优秀退役运动员和专业教练员可以进入学校体育教师行列，学校体育场地设施向社会开放，形成开放、互动、共赢的体育发展新局面。

5.共享发展成为价值导向

学校体育的共享发展理念旨在确保所有学生，无论城乡、区域、身份和背景，都能共享体育教育的成果。在整体层面，要求我们扩大优质体育教育资源的覆盖面，确保学校体育改革和发展成果能够公平分配给每一个学生。在地区层面，要打破经济发展水平对体育资源分配的影响，通过体育扶贫等措施，让边远、贫困地区的学生也能享有高质量的体育教育。在群体和个体层面，则要求关注每一个学生的体育发展需求，无论是具有特殊体育天赋的学生，还是仅仅希望通过体育活动增强体质的普通学生，都应得到相应的支持和培养。共享发展的实现，也需要学校体育能够与家庭、社区和社会各界建立更紧密的合作关系，通过共建共享的模式，充分利用社会资源，为学生提供更加多元化和个性化的体育学习和锻炼机会。

3.4.2　坚守"五项重大原则"核心思想

全面建设社会主义现代化国家，是一项伟大而艰巨的事业，前途光明，任重道远。前进道路上，必须牢牢把握以下重大原则：坚持和加强党的全面领导；坚持中国特色社会主义道路；坚持以人民为中心的发展思想；坚持深化改革开放；坚持发扬斗争精神。学校体育教育作为实现教育现代化、建设体育强国的基石，其发展和改革首先必须坚持"五项重大原则"。第一，坚持和加强党的全面领导是学校体育改革与创新的政治保证，学校体育应将党的教育方针贯彻落实到体育教育的各个环节，确保体育教育方向和路径的正确性，要求教师不仅要深入学习党的理论和方针政策，还要将之转化为体育教学和训练的具体实践，引导学生树立正确的世界观、人生观和价值观。第二，坚持中国特色社会主义道路是学校体育改革与创新的根本遵循。学校体育要紧密结合中国特色社会主义的实际，探索符合我国国情的体育教育模式，要在体育教学内容、方法上体现中国特色，培养学生的爱国情怀和文化自信。第三，坚持以人民为中心的发展思想是学校体育改革与创新的价值追求。学校体育教育要紧密围绕提高学生的身心健康水平，注重学生自身能力的全面提升，同时也要关注学生参与体育活动的乐趣和满意度，确保体育教育活动的普及性和公平性。第四，坚持深化改革开放是学校体育改革与创新的动力源泉。面对新时期教育和体育发展的新要求，学校体育教育要敢于自我革新，不断优化体育教学内容和方法，探索体育与科技、体育与健康、体育与教育综合发展的新路径，积极引入国际先进的体育教育理念和资源，推动学校体育事业的创新发展。第五，坚持发扬斗争精神是学校体育改革与创新的坚实保障。在学校体育改革与创新的程中，应勇于斗争、不畏艰难，打破传统思维的禁锢，坚持以实践为主，反对脱离实践的空谈，对于在教学实践中遇到的问题要敢于质疑并指出，不盲目迷信权威。

3.4.3 秉承"健康第一"根本理念

我国学校体育发展的历程中，"健康第一"的教学理念始终占据着核心位置。从新中国成立至今，我国学校体育的教育理念经历了一系列的变化与发展，而"健康第一"则是作为根本理念，如一脉相承的红线，从始至终贯穿于学校体育改革和创新的全过程。这不仅是对体育本质功能的深刻理解的体现，更是在不断变化的时代背景下，对于提升国民健康水平、促进学生全面发展的有力回应和积极探索。新中国成立初期，面对学生课业负担重、体质健康亟待加强的情况，毛泽东同志明确提出了"健康第一"的指导思想，强调健康对于学生个人发展以及国家未来的重要性。这一指导思想不仅为我国学校体育的发展定下了基调，更为后续的教育政策和体育教育理念提供了方向。随后，无论是政府文件的更新还是教育体制的改革，"健康第一"的理念都被不断强调与深化，成为学校体育不可动摇的根本。随着国家综合国力的显著提升和人民生活水平的不断改善，"健康第一"的理念在学校体育中的地位更为凸显。"健康第一"作为学校体育改革和创新的根本理念，其深层含义远不止于强调体育锻炼的重要性，更是对学生身心健康的全面关注，为学生德、智、体、美、劳全面发展提供有力保障。在"健康第一"理念的指导下，学校体育不应局限于简单的体能训练，要致力于成为培养学生健康意识、生活方式以及社会责任感的重要途径。因此，学校体育改革与创新在"健康第一"理念的指导下，应重点着眼于以下几方面：一是强化健康教育，通过体育课程和相关活动加强学生的健康意识，培养正确的健康观念和生活方式；二是全面发展，不仅注重学生体能的提升，也关注心理健康、社会技能和道德素质的培养，以实现德、智、体、美、劳全面发展；三是推进体教融合，将体育教育融入学校教育的各个方面，通过体育活动促进学科学习，提高学生的学习兴趣和效率；四是创新体育教学，采用新技术、新方法和新内容，丰富体育教学手段，提高体育课的吸引力和有效性；五是开放和共享体育资源，优化体育资源分配，鼓励社区和学校的体育资源共享，提升青少年参与体育活动的机会和质量；六是注重评价与反馈，建立科学的体育教育评价体系，关注学生的个性化需求，通过定期评价和反馈调整教育方法和内容。

3.4.4　明确"立德树人"首要任务

自党的十八大以来，教育改革的重心明确指向了"立德树人"这一教育的根本任务。党的二十大报告指出："教育是国之大计、党之大计。培养什么人、怎样培养人、为谁培养人是教育的根本问题。育人的根本在于立德。全面贯彻党的教育方针，落实立德树人根本任务，培养德智体美劳全面发展的社会主义建设者和接班人。"学校体育作为培养学生综合素质的基础性平台，在实现"立德树人"的教育根本任务中承担着不可或缺的角色。在"立德树人"的目标下，要求学校体育不仅要注重学生体能的提升，更要深入挖掘体育活动在培养学生爱国情怀、集体主义精神和社会主义核心价值观等方面的潜在价值。因此，学校体育的改革与创新应紧密围绕"立德树人"这一首要任务展开，确保体育活动和课程的开展能强化学生品德的塑造和精神的培养。为了更好地实现"立德树人"的目标，学校体育需将培育和践行社会主义核心价值观渗透于学校体育工作的规划、实施、评价等各个环节，确保学校体育工作始终围绕"立德树人"的核心任务展开。首先，需要发挥体育教育的独特优势，利用学校体育在增强体质、健全人格、锤炼意志方面的独特优势，帮助学生在享受体育乐趣的同时，培育其坚强的意志和良好的品德。其次，需要深化体育活动的德育功能，通过校园体育文化和赛事，以及课外体育活动，营造健康向上的校园体育环境，借助体育活动的迁移作用，培养学生良好的道德品质和社会行为。再次，需要强化体育课程思政的建设，将体育课程与思想政治教育紧密结合，通过体育教学活动传递社会主义核心价值观，使学生在体育活动中学习和体验集体主义精神和社会责任感。最后，需要构建体育课程一体化，通过大中小学体育课程一体化建设，使学生在不同的学段能够系统地、有延续性地学习和实践体育知识和技能，同时将社会主义核心价值观内化为个人的情感、态度和价值观。

3.4.5　遵循"教会、勤练、常赛"根本方法

新时期，学校体育是培养学生综合素质、实现"立德树人"根本任务的重要平台。近年来，随着《关于全面加强和改进新时代学校体育工作的意见》和《〈体育与健康〉教学改革指导纲要（试行）》的相继发布，"教会、勤练、常赛"作为学校体育教学改革的核心内容被明确提出，标志着学校体育工作进入了一个新的发展阶段。这不仅是对学校体育本质特征的深刻把握，也为促进学生身心健康发展、实现体育教育的全人培养提供了方法论指导。

"教会"要求教师通过高效、有趣的体育教学，确保学生能够掌握基本的健康知识和运动技能。这一环节不仅强调了教学内容的丰富性和适宜性，更强调了教师角色的重要性，教师不仅要传授知识和技

能，更要激发学生的学习兴趣，培养学生的体育精神和运动习惯。因此，教师对创新教学方法的探索成为实现"教会"目标的关键。

"勤练"强调学生在课内外的持续体育实践，不仅是对"教会"阶段技能的巩固，更是培养学生自我管理能力和持之以恒精神的重要途径。在"勤练"中，学校通过提供多样化的体育活动和完善的体育设施，鼓励学生积极参与体育锻炼，形成健康的生活方式。除了在学校的体育活动，"勤练"还需要家庭和社会的支持与参与，形成向校外延伸的体育锻炼网络，确保学生能够在多元化的环境中持续进行体育锻炼。

"常赛"强调通过组织多样化的体育比赛活动，为学生提供一个展示自我、检验学习成果的平台。比赛不仅能够激发学生的竞技热情，增强团队合作和竞争意识，还能通过实战检验教学成果，促进学生技能的提升和体育精神的培养。因此，学校体育比赛活动的设计和组织需充分考虑到全员参与，确保每位学生都有机会通过比赛体验成功与挑战，享受体育带来的乐趣。同时，学校体育的"常赛"环节不应仅限于校内比赛，还应拓展至校际、地区乃至国家级的竞赛，为学生提供更多展示自我、挑战自我的平台。这样的比赛经历不仅能够促进学生个人技能的提升，更能加深学生对体育精神的理解和认同，培养具有国际视野的体育人才。

"教会""勤练"常赛"三者相辅相成，共同推动学校体育发展，不仅可以促进学生运动技能的提升，更能在体育活动中培养学生的社会责任感、团队协作能力和良好的品格，为学生的全面发展奠定坚实的基础。

新时期学校体育发展的现状与困境

4.1　近十年学校体育发展的成效

4.1.1　学校体育的思想与理论不断丰富

新时期，随着社会对青少年身心健康的关注度持续提升，体育教育在培养全面发展人才中的重要作用日益凸显，学校体育发展面临前所未有的机遇和挑战。习近平总书记关于青少年体育的一系列指示精神，以及党和国家在这一时期颁布的有关青少年体育的重要文件，为新时期学校体育提供了指导思想和理论支持，其中蕴含的新思想、新理论对于推动学校体育的改革与创新，进而推进学校体育高质量发展具有重要意义。

1. "体教融合"

"体教融合"是新时期体育发展的核心理念之一，它突破了传统的"体教分离"模式，强调体育教育与普通教育的深度融合，为体育人才培养提供了新的路径。"体教融合"要求我们在体育人才培养、体育资源配置、体育竞赛体系等方面进行全面创新，推动体育教育与国民教育体系的有效衔接，为青少年提供全面、系统的体育培养。

2. "一校一品、一校多品"

"一校一品、一校多品"的提出，旨在鼓励学校根据自身条件和特色，发展特色鲜明的体育项目，这不仅能够促进学校体育教学的多样化，还能够激发学生对体育运动的兴趣，促进学生体质和技能的全面提升。"一校一品、一校多品"为学校体育特色建设提供了明确的指导，有助于实现学校体育的个性化和多元化发展。

3. "教会、勤练、常赛"

面对体育课程教学中存在的种种问题，"教会、勤练、常赛"的提出，为体育教学提供了新的方向。"教会、勤练、常赛"强调通过系统的教学、持续的训练和经常性的竞赛，全面提升学生的体育技能，促进学生身心健康发展，提高体育竞技水平，培养学生的团队精神和竞技精神。

4."立德树人"

"立德树人"将体育教育的功能定位于培养学生的综合素质和社会主义核心价值观，强调体育教育在学生道德、智力、体质、美育、劳动教育全面发展中的独特作用。"立德树人"要求学校体育不仅要注重学生体能的提升，更要通过体育活动的开展，培育学生的爱国主义情怀、集体主义精神、社会责任感以及顽强拼搏、自强不息的意志品质，实现体育教育与思想政治教育的有机融合。

5."家校体育共育"

"双减"政策的实施为学校体育提供了新的发展机遇，强化课外锻炼与加强家校体育共育的新思想新理念，旨在通过学校、家庭、社会的共同努力，为学生创造更多参与体育活动的时间和空间，强化学生的体育锻炼，提升体育教育质量。"家校体育共育"需要学校积极开展丰富多彩的课后体育服务，家长和社会各界也应给予支持和配合，共同营造有利于学生身心健康成长的体育环境。

6."新体育评价"

在《深化新时代教育评价改革总体方案》的指导下，"新体育评价"要求改变传统以成绩为中心的评价模式，建立以学生全面发展为目标的评价体系。"新体育评价"强调要关注学生体育活动的参与度、体质健康状况、运动技能掌握情况及其在体育活动中表现出的社会性品质，促进学生养成终身体育锻炼的习惯，引导学生在享受体育乐趣的同时，增强体质、培育良好品德。

4.1.2　学校体育在教育中的地位显著提高

　　近十年学校体育在教育系统中的地位得到了显著提高，这一变化不仅体现在政策倡导和指导思想上，更在实际执行和成效上显现出来。在习近平总书记"教育要树立健康第一的教育理念，开齐开足体育课"的号召下，学校体育的发展迎来了重大进展，这不仅改变了过去体育课程被边缘化的局面，更为青少年的身心健康提供了有力保障。过去，由于应试教育的倾向和教育发展的不平衡，学校体育课程一直面临着不被充分重视的问题，开齐开足体育课成为一项难以攻克的难题。但近年来，这一状况得到了根本性的改变。2015年的数据显示全国体育课的开足率仅为20%，到了2018年有了显著改善，全国学校四年级有69.2%的班级、八年级有51.9%的班级能达到每周开设3节体育课的国家要求，这一数字相比2015年分别上升了13.5%和12.7%。2019年，全国有63.1%的中小学校开足了体育课。这一连串的数据不仅体现出学校体育的开课数量逐渐提升，更反映出社会对学校体育重视程度的提高。在近十年中，国家通过设立大量的体育特色学校和实验学校，推动了学校体育的特色发展和创新实践。全国范围内体育特色学校和实验学校的建设如雨后春笋般迅速增长，截至2023年，全国已有足球特色学校30 059所、篮球特色学校9 183所、排球特色学校1 420所、网球特色学校285所、冰雪运动特色学校2 063所、奥林匹克教育示范学校820所等，共计43 830所。这些特色学校的建设不仅提升了学校体育的质量，更为学生提供了多元化的体育学习和锻炼机会。若每所特色学校平均有1 000名受益学生，则会有约4 383万学生受益，占全国中小学生总数的43%，充分表明学校体育在教育系统中的地位得到了质的提升。在政策引导下，全国各地教育行政部门积极响应，纷纷采取措施增加体育课时。例如，北京市已全面实施了每周体育课程"543"改革实践，即小学每周5节、初中每周4节、高中每周3节体育课，体现了教育部门对学校体育重要性的认识和支持。

4.1.3 学校体育软硬件实力不断提升

近十年，学校体育的软硬件实力较以往有了跨越式的提升，这一进步不仅体现在体育教师队伍的数量和质量上，更体现在体育场地设施的建设上。近十年来，体育教师队伍显著增强。自2012年以来，全国体育教师的总体配置平均比例提升了0.92%，到2021年，体育教师总数达到了770 468人，相比2012年的510 175人，累计增幅高达51%。这一增幅远超过语文、数学、外语等主要学科教师的增长速度，充分体现了对学校体育教育的重视。与此同时，体育教师的质量也得到了显著提升，2021年体育教师的平均学历合格率达到78.2%，较2012年增长了23.8%。本科学历占比达到74.7%，十年增幅达到110.9%；研究生学历人数的十年增幅更是达到了惊人的521.2%。这些数据清晰地展示了体育教师队伍在规模和质量上的双重跃进。学校体育场地设施建设同样取得了显著进展。从2014年到2020年，小学、初中、高中的体育馆面积均实现了成倍增长，2020年全国学校体育馆总面积达到了55 035 413平方米，相比2014年增幅高达85.4%。全国学校的运动场地面积也有了稳步提升，2020年达到1 541 450 990平方米，与2014年相比增幅为18%。虽然在体育场地配备方面尚存在一些不足，但与2015年相比已有所改善，且学校体育场地的利用效率正在提高，中小学足球场的使用频率均有所上升。2019年北京市中小学体育场地器材调研结果显示，无论是村镇还是城区，学校的体育场地建设都得到了明显加强，大多数学校能够保障同时授课8个班级左右，这进一步印证了体育场地设施建设的巨大进步。

4.1.4　学生体质实现了"止跌向好"的转变

学校体育教育在推动学生体质健康方面取得了显著成就，通过国家的持续努力和教育政策的优化，学生体质实现了"止跌向好"的历史性转变，这不仅是对学生健康的巨大贡献，也是对整个社会可持续发展的有力支撑。近十年来，学生体质已实现了全面改善。随着学校体育教育的加强，学生在柔韧、力量、速度、耐力等体能素质方面总体呈现出明显的好转。特别是小学生和初中生在柔韧素质和力量素质上的改善更为突出，这表明学校体育教育在基础阶段已经开始发挥作用，为学生的身体素质打下了坚实的基础。近十年来，学生的身高、体重等形态发育指标持续向好，体现了学生在生长发育上得到了充分的保障；身体机能指标也在持续提升，全国学生肺活量连续 10 年持续上升，尤其是初中生的肺活量增长更为明显。与此同时，随着学校体育教育的加强和户外活动时间的增加，学生的近视率也出现了下降趋势，2018—2020 年全国青少年学生近视率平均每年下降 0.5 个百分点。这一变化对于改善学生的视力健康，减少近视发生率具有重要意义。学生体质持续改善的背后，是要应对多年来应试教育倾向、城市化进程、数字化生活方式等多方面因素共同作用下所造成的体质下降趋势，面对这一困难局面，学校体育在短短十年内开始扭转态势，并取得了明显的进步，展现了党和国家、教育部门和全社会共同努力的成果。

4.2　新时期学校体育发展的困境

从宏观视角深入分析新时期学校体育发展的困境，我们面临四个关键挑战：要素创新引领羸弱，城乡资源差距过大，共享发展较为受限，封闭发展痼疾尚存。这些问题共同构成了制约学校体育高质量发展的瓶颈。

4.2.1 要素创新引领羸弱

在新时期教育变革中，学校体育作为培养学生综合素质的重要组成部分，面临前所未有的挑战与机遇。系统论为我们提供了一个全面理解和推动学校体育高质量发展的框架，这一框架强调政策制度、教学内容和评价机制等核心要素的协同创新。然而，当下我国学校体育系统在政策制度、教学内容和评价机制等关键要素的创新引领上存在明显不足，严重影响了学校体育的质量和效果。其一，体教融合制度的不完善和政策关注的偏颇成为制约学校体育创新发展的瓶颈。虽然体教融合被广泛认为是推进学校体育发展的有效路径，但在实际操作层面，我们发现地方政府和学校在落实体教融合的规范化和可操作性上存在明显短板。这种情况下，政策的制定更多倾向于强调学生的体质健康促进，而忽略了心理健康、视力保护等其他同样重要的健康维度，导致体育教育的全面性受到影响。其二，教学内容在不同教育阶段之间的断裂，进一步加剧了学校体育教学的挑战。高等教育阶段的"大学体育"与义务教育阶段的"体育与健康"在教材内容上存在明显差异，导致学生在不同学习阶段体育知识和技能的连续性和系统性受到影响。而且，中小学体育课程和课后体育活动过度集中在少数体育项目上，缺乏对羽毛球、定向越野、体育舞蹈等项目的关注，这不仅限制了学生体育技能的全面发展，也降低了体育活动的吸引力。其三，评价机制的创新不足是学校体育发展的另一个关键障碍。当前的评价体系过于强调结果而忽视过程，更倾向于定量评价而非定性评价，不仅未能充分体现学生个体之间的差异性，也限制了教师创新教学方法和手段的积极性。对教师的评价过于依赖学生的考试成绩和竞赛成绩，忽视了教师在日常教学和学生身心发展中的贡献，这种偏向于量化指标的评价体系严重影响了教师的职业发展和工作动力。

4.2.2 城乡资源差距过大

在中国的教育发展历程中，学校体育资源的配置不均衡一直是一个挑战，尤其城乡之间的差异极为显著，主要体现在体育教师数量、质量以及体育场地和器材的配置上。在教师层面，体育教师资源的城乡差异是学校体育发展中最为明显的不平衡。在乡村地区，体育教师编制数量远远不足，且教师的专业能力和教学水平相对较低，这直接影响了学校体育课程的质量和效果。根据 2021 年教育统计数据，全国小学、初中、普通高中的体育教师总数为 770 468 人，面对着 184 034 013 名在校生，这意味着平均每 239 名学生仅配备了 1 名体育教师。城乡之间在师资配比上的差异更加明显，尤其是在普通高中阶段，城区与乡村学校的师生比例分别为 1∶254 和 1∶272。在教师素质方面也相差较大，本科及以上学历的体育教师在城区、镇区、乡村间比例逐渐下降，分别为 86.32%、76.04%、62.16%，这一差异在九年义务教育阶段尤为显著。在场地与器材方面，体育场地与器材的配置不均也是制约乡村学校体育发展的重要因素。数据显示，2021 年，城镇学校的体育运动场地面积约为 11.9 亿平方米，而乡村学校不到 4 亿平方米。在中学阶段，达到场地器材标准的城镇学校数量为 10.2 万所，乡村学校仅为 2.8 万所，这一巨大差异不仅限制了乡村学生参与体育活动的空间，也影响了他们接受体育教育的质量。这种城乡之间的体育资源配置不均，反映了我国学校体育事业发展的结构性问题。尽管政府和相关部门已经采取了一系列措施来缩小这一差距，如增加乡村体育教师的招聘、提升教师培训质量、加大体育设施的投入等，但要实现城乡体育资源的均衡分配，还需更系统的策略和长期的努力。

4.2.3　共享发展较为受限

在学校体育发展中，实现共享发展是关键之一，它涉及学校体育成果能否广泛惠及学生、家庭乃至社会各个层面。然而，当前的共享发展面临着诸多制约，主要体现在缺乏顶层设计、联动机制缺失和资源短缺的限制等方面。首先，共享发展的顶层设计不足是一个突出问题。学校体育成果的共享不仅是一个涉及多方面、跨部门协作的复杂过程，也是一个需要长远规划和持续推进的系统工程。然而，目前在策略布局和政策指导上还存在明显的不足，这导致了学校间以及学校与社会之间在共享体育资源和成果时缺乏有效的协调和引导。缺乏顶层设计意味着缺乏统一的目标设定、缺少协同工作的标准和流程，从而难以构建起一个高效、有序的共享体系。其次，联动机制的缺失是阻碍共享发展的重要因素。学校体育的共享发展不仅需要学校之间的互助合作，更需要家庭、社会与学校形成紧密的协同共育机制。但现实中，这种跨界合作的联动机制并不健全，导致学校、家庭和社会在推动学校体育共享发展方面存在一定的隔阂和疏离。学校在推动体育教育全面发展方面的努力未能得到家庭和社会的充分支持和参与，同时家庭和社会对学校体育的认识和期待也存在偏差，这些因素削弱了学校体育共享发展的动力和效果。最后，资源短缺的限制也是一个不容忽视的问题。虽然学校是体育资源的重要承载者，但受限于财政投入、场地设施和人力资源等多方面的制约，学校体育资源本身就存在短缺的现象，这在一定程度上限制了资源共享的可能性和实际效果。尤其是在对外开放和社会共享方面，学校面临的法律责任、安全管理和维护成本等问题，进一步加大了共享的难度。而社会层面的体育资源虽然种类繁多，但质量参差不齐，且与学校体育的有效对接机制不足，使得这些资源的利用效率和效果难以得到保证。

4.2.4 封闭发展痼疾尚存

我国学校体育的发展历程虽长且不乏亮点，但深入剖析其内在结构不难发现，封闭发展的痼疾依然根深蒂固。这种痼疾不仅限制了学校体育自身的创新与进步，也阻碍了其与其他领域、学科的有效融合，从而影响了体育教育整体的质量和效果。其一，封闭性的一个主要表现是学校体育自身的发展闭环。虽然教育部门一再强调体育与其他学科的交叉融合的重要性，但在实际操作层面，体育教育仍旧显得相对独立和封闭。特别是在中小学阶段，体育教学的目标和内容过分集中于提升学生体质，而忽略了体育在促进学生情感、社交、审美等方面的综合价值。这种单一化的教育模式导致体育成为边缘化学科，形成了"口头重视，实际轻视"的尴尬局面。其二，学校体育与竞技体育之间的融合不足也体现了封闭发展的问题。理论上，学校体育是培养竞技体育人才的重要基地，但实际上，能够从学校体育顺利转入竞技体育领域的学生寥寥无几。原因在于，学校体育与竞技体育之间缺乏有效的衔接和支持机制，导致后备人才的培养和输送效率低下。此外，学校体育资源的不足和师资力量的薄弱，以及体制上的障碍，进一步加剧了这一问题。其三，学校体育与社会体育之间的连接同样面临困境。尽管国家政策鼓励学校体育设施向社会开放，促进资源共享，但实际操作中遇到了多种挑战，如设施维护成本、法律责任界定、服务质量控制等问题，导致学校对外开放的积极性不高。同时，社会体育资源的不均衡分布和利用效率低下，也未能有效支撑学校体育的发展。其四，封闭发展的痼疾还体现在学校体育价值观的单一化。当前，学校体育更多被视为提升学生体质健康水平的工具，而对于体育在培养学生多元能力、促进全人发展方面的作用关注不足，这种狭隘的价值观不仅限制了体育教育内容和方法的创新，也影响了学生对体育的兴趣和参与度。

4.3 新时期学校体育发展的主要问题

当下学校体育发展中存在的主要问题，主要包括体教融合协同发展问题、体育与健康课程标准实施问题、体育中考问题、"双减"政策下学校体育发展问题、体育课程思政建设问题等。这些问题是当下的研究重点，也是学校体育发展中较为突出的问题，故在本书后面的研究中会选取其中的一些问题进行更深入的分析。

4.3.1 体教融合协同发展问题

体育与教育的融合是当代教育发展的必然趋势，体教融合旨在通过体育活动促进学生全面发展和健康成长。2020年，体育总局和教育部联合发布的《关于深化体教融合 促进青少年健康发展的意见》（以下简称《意见》），标志着我国在体育与教育融合发展方面迈出了重要一步。《意见》提出了一系列创新举措，强调了体育和教育部门之间协同合作的重要性，特别是在体育场地设施、体育师资和教练员、竞技体育后备人才培养、运动竞赛体系等方面。然而，实践中的体教融合仍面临着一系列问题，这些问题不仅影响了体教融合的深度和广度，也暴露了现有体制和机制中的不足。其一，场地设施的协同供给和共享不足是体教融合过程中的一个显著问题。尽管《意见》提出加强场地设施共享利用的重要性，实际上，由于体育场地资源紧缺、开放率不高等问题，学校体育设施与社会体育资源的共享程度远远不够。多数学校体育场馆不愿意对外开放，原因包括缺乏明确的管理模式、人员配置、安全标准、收费标准等具体规定，导致资源利用效率低下，体育活动受限。其二，体育教师资源的协同供给存在法律和制度的冲突。《意见》鼓励退役运动员和教练员进入学校担任体育教师，旨在丰富学校体育师资。然而，体育教师与其他学科教师相比，在教师资格获得上存在法律规定上的差异，这导致了退役运动员和教练员直接进校任教的难度增加，限制了学校体育师资的多元化发展。其三，竞技体育后备人才培养方面的协同配合不足。尽管《意见》强调体校与中小学校合作，以及教育、体育部门联合建设高校高水平运动队，但在实践中，合作仍存在诸多困难。例如，高校高水平运动队招生门槛的提高，小学至高中各学段间对口升学的困难，以及教育和体育部门在资源分配、管理目标上的差异，均限制了竞技体育后备人才的有效培养。其四，体育赛事的协同存在体制性问题。《意见》提出的义务教育、高中和大学阶段学生体育赛事应由教育、体育部门共同组织，但在统一注册资格、赛事整合等方面仍存在难题。不同部门之间的价值取向、评价标准和项目设置差异，使得体育赛事的整合和统一组织难以实现，影响了体教融合的综合效果。

4.3.2 体育与健康课程标准实施问题

体育与健康课程是学校教育体系中的重要组成部分，不仅关乎学生的身体健康，还涉及心理健康、社会适应能力等多方面。随着《义务教育体育与健康课程标准（2022年版）》和《普通高中体育与健康课程标准（2017年版2020年修订）》的实施，体育与健康教育面临着前所未有的发展机遇和挑战。这些课程标准强调了"运动能力、健康行为、体育品德"三个核心素养，旨在引导学校体育教育更加注重学生的全面发展。然而，在实施过程中，学校体育与健康教育面临诸多问题和挑战。其一，体育教师在新课程标准的执行能力方面存在不足。许多教师对新课程标准的理解和掌握不够深入，导致无法有效地落实新的教学理念和方法。这种现象一方面源于教师自身的专业知识和能力限制，另一方面也与当前教师培训体系未能及时适应新课程标准的要求有关。此外，教师对于如何在教学实践中整合"运动能力、健康行为、体育品德"三个核心素养，仍缺乏明确的指导和实践经验。其二，当前的教学设计普遍存在碎片化现象，缺乏对整体性和结构性的重视。许多体育教师仍然沿用传统的教学方法，未能根据新课程标准的要求进行整体和系统的教学设计。这不仅影响了学生核心素养的形成，也限制了学生对体育知识和技能深层次理解和应用的能力。其三，跨学科融合教学在实际操作中面临较大困难。虽然新课程标准提倡跨学科融合教学，但在实施过程中，由于教师自身跨学科教学能力的不足、学校课程安排的局限以及缺乏有效的跨学科教学模式，使得跨学科教学难以实现预期效果。其四，学业评价体系的不完善成为新课程标准实施的又一大障碍。目前的体育与健康学业评价依然过于侧重技能和成绩的量化评估，忽视了对学生健康行为和体育品德等方面的评价。此外，评价方式的单一和评价内容的片面，也不能全面反映学生在体育与健康课程中的真实学习情况。

4.3.3　体育中考问题

随着体育科目纳入中考的分值不断提高，对提高学生的体育兴趣和增强身体素质起到了积极的推动作用。然而，体育中考面临的问题也日益凸显，成为教育领域内外广泛关注和讨论的话题。首先，体育中考导致的应试体育倾向问题十分突出。众多学校和学生为了应对中考，将大量时间和精力集中在有限的几个考试项目上，导致学生的体育锻炼变得单一化、目的化。这种针对性训练的做法，虽然可能提高学生在特定项目上的表现，但却忽视了体育教育的本质，即全面提升学生体质和培养终身体育锻炼的习惯。应试体育的倾向不仅限制了体育课的教育内容，也影响了学生对其他体育项目的学习兴趣。其次，体育考试的计分标准合理性亟待提高。在实际操作中，一些地区的体育考试标准过高，部分项目的满分标准甚至达到国家运动员的水平，这对普通学生来说是一个难以逾越的门槛。如此高的标准不仅给学生带来巨大的心理压力，也使得体育考试失去了应有的评价意义，变成了一种选拔性考试。这种做法既不利于促进学生健康发展，也违背了体育中考的初衷。最后，体育考试的项目设置存在科学性和公平性问题。不同项目之间难度的差异，以及评分标准的复杂性，使得体育考试在一定程度上失去了公平性。例如，当考生面对不同难度的项目选择时，大多数人会倾向于选择难度较低、更容易得分的项目，这种现象不仅扭曲了体育考试的评价目标，也影响了考试的公平性。此外，过于复杂的评分体系也增加了教师评分的难度和主观性，进一步影响了考试结果的公正性。

4.3.4　"双减"政策下学校体育发展问题

"双减"政策的实施是教育领域的一项重大改革，能够减轻学生的学业和课外培训负担，为学生创造更多自由探索和体育活动的时间。然而，在"双减"政策的实施过程中，学校体育面临多方面的挑战和问题，这些问题不仅影响了学校体育的质量和效果，也反映了体育教育资源配置、家校社协同机制、课后服务质量等方面的不足。其一，资源利用不充分是"双减"政策下学校体育面临的主要问题之一。尽管理论上"双减"政策为学生提供了更多参与体育活动的时间，实际上这些时间资源并未得到充分利用。学生的空余时间往往被安排到课外体育培训中，而非学校组织的体育活动。而且对政策资源的利用也不充分，如体育与健康科普知识的推广活动较少，学校体育的发展案例在教育部门推广的典型案例中占比极低，说明学校体育在政策资源利用方面存在明显不足。其二，家校社协同不足问题凸显。在家庭和社会层面，存在着对体育教育重视程度不够、课外体育培训过度商业化的问题。家长更倾向于选择流行度高、费用较高的体育项目，忽视了学生全面发展的需要。在学校和社会层面，体育培训产值快速增长的背后隐藏着资本过度逐利的风险，可能会影响学校体育的健康发展。此外，家校协同在实际操作中也存在问题，如家长参与度不高、学校体育育人功能不够突出等。其三，课后体育服务水平亟待提高。尽管课后体育服务是学校体育的重要组成部分，但受限于体育师资不足、硬件条件限制和教学内容单一等问题，课后体育服务的质量和覆盖面无法满足学生的多样化需求，而且学生安全问题、认识不足和监管缺位也成为影响课后体育服务质量的重要因素。

4.3.5　体育课程思政建设问题

新时期，在体育课程思政建设的逐步推进过程中遇到了一系列挑战和问题，面临着理论支撑不足、教师能力欠缺、资源发掘不足、标准缺失、质量督导和评价不足的困境。这些问题既反映了体育课程思政研究和实践的复杂性，也揭示了未来发展需要聚焦和解决的关键点。其一，体育课程思政建设面临的理论支持问题尤为突出。目前，关于体育课程思政建设的理论研究较为零散，缺乏系统性和深度，主要集中在现状描述、框架搭建等表层分析，而缺少对体育课程思政建设理论支持的深入挖掘和精准应用。这种理论支撑的不足，使得体育课程思政研究难以形成有力的理论根基，进而影响到思政教育内容的深入开展和实践效果的提升。其二，体育教师课程思政能力的提升问题亟待解决。体育教师是体育课程思政建设的执行者，其专业能力和思政教育理解直接关系到课程思政教育的效果。然而，目前体育教师普遍面临着对课程思政概念理解不足、专业培训缺失、跨学科交流不足等问题，这些问题的存在不仅限制了体育教师课程思政能力的提升，也影响了体育课程思政教育内容的有效实施。其三，体育课程思政建设资源的发掘和利用成为当前面临的一大难题。尽管体育教育本身蕴含丰富的思政教育资源，但如何有效发掘和利用这些资源，将其转化为具有思政教育意义的教学内容，成为体育课程思政建设的关键。目前，对体育课程思政资源的系统梳理、开发和应用不足，导致体育课程思政建设缺乏有效的资源支撑。其四，体育课程思政建设标准的缺失问题也亟须关注。由于缺乏统一明确的体育课程思政建设标准，不同学校和教师在课程思政实践中往往缺乏统一的指导和评价标准，这不仅影响了教学的系统性和科学性，也限制了体育课程思政教育效果的提升和评估。其五，体育课程思政建设质量的督导和评价工作有待提高也是一个重要问题。如何科学有效地评价体育课程思政建设的效果，确保教学活动能够达成既定的思政教育目标，需要建立完善的质量评价和反馈机制。然而，目前在体育课程思政质量评价方面仍然存在方法单一、评价内容不全面、评价主体不明确等问题。

5

体教融合发展的经验借鉴与推进策略

2020年4月，中央全面深化改革委员会第十三次会议审议并通过了《关于深化体教融合 促进青少年健康发展的意见》（以下简称《意见》）。《意见》的发布，不仅体现了党和国家对青少年身心健康发展的高度重视，也标志着我国体育与教育改革进入了一个新的历史阶段。一方面，《意见》的出台是对体育与教育事业的顶层设计和重大决策部署，旨在破除原有思维定式、工作惯性和路径依赖，通过新的举措和作为，抓住体教融合的现实机遇，提升育人水平和人才培养质量；另一方面，《意见》的出台向社会传递出关注青少年健康成长的明确信号，体现了党中央、国务院推动学校体育工作进步、解决长期存在问题的决心。随着体教融合的不断推进，遇到的挑战和障碍层出不穷，如何在体教融合的进程中协调各方利益，解决可能出现的新难题和新矛盾，成为体教融合推进过程中的重要课题。这不仅需要充分认识体教融合的重要性和紧迫性，还需要深刻理解《意见》的精神实质，结合实际情况，创新思维和工作方法，深化对体教融合的研究，以确保体教融合政策能够顺利推进，实现其既定目标。本章将厘清新时期体教融合的内涵、理念，剖析体教融合发展的现实困境，同时借鉴欧美体教融合的模式与经验，进而提出推进策略。

5.1　新时期体教融合的新内涵

5.1.1　新目标：促进青少年健康发展

自新中国成立后，我国体育领域经历了重大变革。在相当长的一段时期内，体育领域以取得优异的国内外体育赛事成绩为目标，形成了一套由国家、省市和各级体校主导的训练体系。这一体系显著提升了我国在竞技体育舞台上的表现，为奥运争光贡献了重要力量。然而，这种训练模式也带来了一系列问题，尤其是对运动员的文化教育造成了严重影响。为解决这些问题，国家采取了一系列措施，试图通过体育系统内的"院校化"进程加强运动员的文化教育，同时建立新的竞技人才培养体系，促使体育与教育部门实现"共建、调整、合作、合并"，旨在实现体育与教育的有机结合。尽管如此，运动员的文化教育程度提高、人才培养体系构建和退役运动员的安置等问题仍未得到根本解决。退役运动员因长期封闭训练、个人能力和文化素养不高而难以适应开放的社会。此外，国内学校体育工作仍显薄弱，各级体校面临招生困难、经费缺乏、文化教学质量不高及毕业生就业困难等问题，迫切需要新的解决方案。为解决这些问题，《关于深化体教融合 促进青少年健康发展的意见》应运而生，这不仅代表着党和国家对体育和教育事业改革的顶层设计和重大决策部署，也代表着党和国家对青少年健康成长的深切关怀与期望。通过推动青少年文化学习与体育锻炼的协调发展，《意见》旨在培养德智体美劳全面发展的社会主义建设者和接班人，为我国学校体育事业发展开启了新篇章，提供了新方向。这一转变既顺应了我国体育、教育发展的历史规律，又为我国体育事业的未来发展奠定了坚实的后备人才基础和体制机制支持，标志着学校体育发展进入了质量与品质并重的新时期。

5.1.2 新认知："以体育人"

在体教融合的大背景下，"以体育人"彰显了体教融合背景下实现人的全面发展新理念。长期以来，体育在我国教育体系中占据着重要位置，它不仅关乎学生的身体健康，更是全面培养素质教育的重要组成部分。随着社会的进步和教育观念的更新，体育已经不再仅仅是简单的身体锻炼，而是成为培养学生综合素质、塑造完整人格的重要手段。"以体育人"的理念超越了过去对体育教育的传统认知，将体育教育的意义提升到了一个新的高度。"以体育人"强调在通过体育活动培养学生身体技能的同时，促进其心理文化的全面发展。这一点体现了对学生身心一体化发展的深刻理解，意味着体育教育不仅仅关注学生的身体健康，更注重通过体育活动培养学生的心理素质、审美情感和社会责任感。这种认知不仅符合当代教育的发展趋势，更贴合了全人教育的根本要求，为体育教育的发展指明了方向。在实践层面，"以体育人"要求教育工作者改变传统的教学观念，将体育教育与文化知识教育、德育教育和美育教育等进行有效融合。这不仅需要教育工作者在教学过程中注重培养学生的身体技能，更要在此基础上引导学生感受体育活动的审美价值，体悟合作与竞争中的道德情感，以及在体育实践中培养解决问题的能力和创新意识。此外，"以体育人"也要求教育管理者和政策制定者为体育教育提供更广阔的空间，通过制度和政策的支持，为体育与其他学科的深度融合创造条件，确保体育教育在培养学生全面发展中发挥更大的作用。"以体育人"不仅是对体育教育价值的重新定位，更是对教育理念和教育实践的深刻革新，强调了体育与文化教育的有机结合，倡导通过体育活动促进学生的全面发展，为构建和谐社会、培养全面发展的社会主义建设者和接班人提供了新的思路和方法。

5.1.3　新职能：工作职责重新划定

随着我国教育改革的深入推进，体教融合已成为新时期下加强国民体质和全面提高青少年素质教育的重要战略方向。自1979年"扬州会议"确立了提高体质在教育改革中的重要地位以来，学校体育在我国的教育发展历程中一直占据着举足轻重的地位。然而，40余年来，体育与教育部门在职能、权力和责任上的分化，使得体育教育的发展并未实现预期的目标，尤其是在优秀体育人才的培养与上升渠道上存在显著短板。新时期，体教融合的深入推进，不仅是对体育和教育职能重新界定的要求，更是对政府职能转变的全面呼唤。职能转变，旨在通过教育和体育部门的紧密合作，优化资源配置，促进青少年体育与文化教育的协调发展。体教融合下的新职能，涵盖了从青少年赛事管理体系的优化、课余训练组织形式的创新，到学生运动水平等级认证职能的升级等多个方面。例如，通过对青少年体育赛事管理体系的调整，确立教育和体育部门共同负责的新机制，进而消除以往在青少年体育工作上的交叉管理现象，实现赛事管理的标准化和规范化。又如，课余训练组织形式的变革，要求学校不仅提供专业的体育训练与指导，更要注重体育特色学校的建设，通过提升体育项目技能培训的水平，达成学生掌握至少一项专项运动技能的目标，充分发挥体育教育在促进学生全面发展中的重要作用。再如，学生运动水平等级认证职能的转变，要求教育和体育部门共同努力，通过统一标准和共同评定的方式，为在校学生的运动技术等级认定提供新的途径。

5.1.4　新机制：多部门协同治理

当下，体教融合的新机制标志着我国体育与教育领域治理体系的重大转型。在以往的体制中，由于职能划分的碎片化和部门间协同不足，虽然在管理体育问题的专业性和针对性上逐步增强，但也导致了制度结构的分散和合作间的脱节。特别是改革开放40多年来，我国体育事业发展环境的巨变，体育的开放性、综合性、整体性和多样性特征更加凸显，这要求管理模式必须适应新的挑战，过去依靠政府单一主体的管理方式已显不足。在体育部门积极推动的"放管服"改革中，虽然简政放权取得了一定成效，但横向协同和跨界整合的力度仍显不足，这种状况不仅存在于同一层级政府的横向部门间，也体现在体育与教育资源整合的实践中。尽管自20世纪80年代提出"体教结合"的发展思路，在一定程度上解决了运动员文化教育和退役运动员安置等问题，但由于多部门间的保障能力供给不足，未能形成有效的合力，导致整体效果不尽如人意。《意见》的发布，通过建立国务院办公厅、教育部、体育总局牵头的青少年体育部级联席会议制度，实现了体育与教育资源整合的新突破。该制度不仅体现了"一体化设计、一体化推进"的原则，强调以青少年的实际需求为核心，而且通过顶层设计和强化中央权威，有效打破了过去的部门间纵向分割和横向封闭状态，促进了政策的统一和协同，实现了多部门齐抓共管的新格局。这种多部门协同治理的新机制，不仅优化了体育与教育资源的配置和使用，而且为解决运动员文化教育和退役运动员安置等问题提供了新的解决方案。通过实现部门间的有效沟通和协作，以及将体育与教育的融合深入到政策制定和实施的每一个环节，新机制为我国体育事业和教育事业的高质量发展开辟了新的路径，为青少年的全面发展和体育强国的建设提供了坚实的支撑。

5.2 新时期体教融合的新理念

5.2.1 价值理念：体教协同育人

新时期，体教协同育人的价值理念尤为重要，其不仅是教育改革的必然选择，更是促进青少年全面成长的关键。体教协同育人的价值理念深刻揭示了体育与教育的互补性和整合性，强调通过体育活动塑造青少年的人格，提升其社会责任感和团队精神，以实现德智体美劳全面发展的育人目标。体育在这一过程中不仅仅是增强体质的手段，更是培育良好品德和生活技能的有效途径。因此，体教融合应超越将体育简单视为学科的范畴，而是将其育人价值贯穿于学校教育的各个层面，确保体育教育在促进学生全人发展中的核心地位。为此，需要在政策制定、教学计划安排、学校管理及评估机制中体现体育与教育的深度融合，共同推动学生在德智体美劳各方面的均衡发展。这既需要教育界的共识和努力，也需要社会各界的广泛参与和支持，共同营造有利于青少年健康成长的教育环境，培养出能够为国家发展和社会进步作出贡献的全面发展的社会主义建设者和接班人。通过这样的体教融合实践，我们将能有效解决长期以来体育教育被边缘化的问题，实现体育育人的综合价值，为青少年的健康成长提供持久动力。

5.2.2 治理理念：多元开放融合

新时期，体教融合不应仅局限于体育部门和教育部门的合作，而是需要打破部门间的壁垒，强调一体化推进，加强协调、沟通与合作，实现资源共享与共用。促进青少年健康发展、改善体质健康状况、培养全面发展的人才，绝非单一部门的责任，且各部门的作用是有限的。因此，实现体教融合的根本目标，要求以教育部门牵头，树立多元开放融合的治理理念，通过多部门分工配合、上下联动、密切合作的工作原则，调动全社会共同参与，促进体教融合的各项改革措施相互促进。此外，教育部门应加强统筹，强化对地方落实情况的督促指导，完善体育资源配置，及时评估体教融合政策的落实效果。《意见》为社会、市场参与学校体育提供了制度接口，政府力量、社会力量和市场力量应相互协同，为完成总目标聚焦发力，建立一个多元开放的青少年体育健康发展的治理体系。体教融合要取得新的成效，必须树立多元开放融合的治理理念，让不同部门发挥各自的独特作用，通过相互配合实现优势互补，积极对接社会、市场，推进更多主体参与到青少年体育发展中。

5.3 体教融合发展的现实困境

5.3.1 竞技体育后备人才培养受阻

1.创新不足导致育人效能不佳

新时期，创新已成为推动各领域发展的核心动力，对于学校体育竞赛体系而言，创新不足直接影响到了竞技体育后备人才培养的效能。当前，我国体教融合在实践中显示出竞赛模式的局限性、选拔形式的保守性和科技融合的缺失，这些问题共同构成了阻碍学校体育竞赛向更高层次发展的关键因素。具体表现为以下三点：第一，竞赛模式尚处于初级阶段，各种人才培养模式虽各具特色，但都在摸索中前进，缺少成熟、系统的培养路径为指导，使得学校在培养体育后备人才时方向不明确、效率不高。第二，选拔形式过于传统，长期以来依赖的传统竞赛形式，如锦标赛和运动会，无法满足全面发展的需求，缺乏包容性和多样性，限制了更广泛的人才发掘和培养。第三，科技在学校体育竞赛中的应用严重滞后，尽管科技已在竞技体育训练和选拔中发挥着越来越重要的作用，但在学校体育竞赛中，从比赛编排到成绩评价等环节几乎未见科技的融入，这不仅影响了竞赛的公平性和科学性，也制约了体育人才培养的质量和效率。故而，为了提升学校体育竞赛在培养竞技体育后备人才中的作用，亟须在竞赛模式创新、选拔方式多元化和科技融合等方面进行深入探索和实践，以科学方法和现代技术推动学校体育竞赛向更加开放、高效和科学的方向发展。

2.缺乏协调联动导致共育失调

协调联动是体育与教育融合发展的重要纽带，能够确保教育资源的有效利用，促进体育后备人才培养体系的完善。当下，我国体育教育系统中，由于缺乏有效的协调机制，导致了体教系统之间的脱节与冲突，制约了竞技体育后备人才的培养和发展。具体表现为以下三点：第一，体育、教育系统对于人才培养的评价标准和奖励机制存在显著差异，体育系统倾向于奖励竞技成绩和荣誉，而教育系统则更加注重学业成绩和学生参与度。这种评价机制上的差异导致了学生在体育竞赛中的参与积极性受到抑制，同时也阻碍了学生综合能力的提升，进而影响了竞技体育后备人才的培养质量和数量。第二，竞赛制度之间的冲突进一步加剧了体教系统的分裂。体育系统与教育系统在竞赛项目设置、年龄分组、参赛资格等方面存在明显的不同，使得两大系统下的竞赛无法形成有效衔接。这种制度上的冲突不仅制约了体育后备人才的共享和流动，还阻碍了体教系统优势资源的整合，导致体育后备人才的竞技水平提升受限。第三，系统资源的隔阂现象严重制约了体育后备人才的高质量发展。体育系统拥有丰富的专业资源和设施，而教育系统则掌握着大量的学生群体和培养资金，但由于缺乏有效的资源共享机制，导致这些资源无法在学校体育竞赛中得到充分利用，限制了后备人才培养的空间和深度。以校园足球为例，虽然高校积极通过增设和改建足球队来培养后备人才，但由于赛事水平、场地设施、专业指导等方面的不足，很多学生运动员的竞技生涯在大学阶段就已结束。故而，为了解决体教融合中的协调联动问题，需要构建一个多元协同、资源共享的新型体教融合体系，加强体育与教育系统之间的沟通与合作，建立统一的人才培养评价标准和奖励机制，完善竞赛制度的整合与优化。

3.开放融通不足导致教育资源分散

开放融通是实现教育资源有效集中与利用的关键，对于培养竞技体育后备人才具有重要作用。当下，我国在教育系统内部及体教系统间的开放度不足，导致了教育资源的分散，进而影响了竞技体育后备人才培养的效率与质量。具体表现为以下三点：第一，教育系统内部的开放不足表现在体育场地资源的匮乏和质量不高。约39.2%的学校体育场地设施无法满足学生的需求，甚至有的中小学缺乏标准的田径场，使得学校体育竞赛的场地资源受限，加之校际之间场地开放不足、设施分配不均和合作机制不健全等问题，进一步加剧了资源分散的状况，致使后备人才的培养遇到障碍，产生竞技不公平的现象。第二，体育和教育系统之间的开放度不足。体育教师和教练员队伍的不足限制了学校体育竞赛的规模化、高质量发展。当前体育教师与学生的比例为1：250左右，体现了体育教师数量的严重不足。除了学科地位不高、职业培养不足等问题外，体教系统间互通机制的不完善也是一个重要因素。虽然教育部和体育总局联合出台了相关政策，但在教练员任职条件、薪资待遇等方面缺乏统一标准，制约了优秀运动员和教练员进入教育体系，难以构建高质量的体育教师与教练员复合型队伍。第三，体教系统之外的开放阻塞。学校体育竞赛过度依赖政府财政支持，市场准入门槛过高、校外机构资质不足等因素导致社会力量进入学校体育竞赛的难度增加。随着竞赛规模扩大、参赛人数增长，政府财政负担加重，竞赛规模被压缩，质量下降，影响了学生的体验感和参与感，难以达到后备人才培养的目标。因此，为了解决开放融通不足导致的教育资源分散问题，需要加强教育系统内部及体教系统之间的开放度，建立有效的协调机制和资源共享平台，促进社会力量参与学校体育竞赛，共同推动竞技体育后备人才培养体系的优化和发展。

4.共建共享缺失导致人才反哺困难

共建共享办赛理念是体育与教育融合的重要支撑，只有通过教育和体育系统的共同努力，才能实现竞技体育后备人才培养目标的统一与优秀成果的共享。当下，我国体育与教育融合的实践中，共建共享的机制并未充分建立起来，导致了竞技体育后备人才反哺体育与教育系统的困难。具体表现为以下两点：第一，教育系统与体育系统对竞赛目标的定位存在差异。教育系统倾向于强调竞赛活动对学校体育工作的助力和学生课余生活的丰富，而体育系统则侧重于通过竞赛活动培养竞技体育人才。这种目标上的差异导致了体育与教育融合过程中，双方难以形成统一的竞赛目标，影响了全面发展人才的培养目标的实现。学生的竞赛成绩无法被有效地纳入学校教育系统的奖励评估机制中，加之缺乏以目标为导向的竞赛激励机制，进一步削弱了学生参与体育竞赛的积极性。第二，培养成果共享存在隔阂。后备人才培养的现状是，体育系统的高投入与教育系统的低成才率并存，同时伴随着运动员的高淘汰率。退役冠军面临就业困难，甚至以街头卖艺、出售奖牌等方式谋生的现象，凸显了竞技体育后备人才反哺体育与教育系统的难题。这背后反映出的是，体育与教育系统间竞赛育人目标的不一致导致成果共享的需求和实现路径出现偏差。我国竞技体育优秀人才的继续培养机制不够健全，体育与教育系统间针对退役运动员的安置和转型通道未能完全打通，造成了大量退役运动员在职业转型过程中面临巨大困难，难以找到合适的工作，更不用说实现对体育与教育系统的有效反哺。因此，要解决共建共享缺失导致的人才反哺困难问题，就必须明确体育与教育系统间的共同培养目标，建立和完善竞赛成果的评估和奖励机制，形成优秀人才的有效共享和反哺机制。

5.3.2　体教融合治理不佳

1.各部门目标不统一

在新时期体教融合发展的进程中，相关部门的行动不统一成为体教融合在治理方面的明显障碍。体育部门和教育部门的利益取向和主要目标的不同，导致了两大系统在推进体育与教育融合方面步调不一致。体育部门更倾向于将精力集中在竞技体育和群众体育的推广上，而教育部门则着眼于提高入学率，这种分歧在体育与教育融合的大背景下显得尤为突出。体育部门与教育部门的不同取向导致了学生的身体健康和学校体育的边缘化，学生体质连年下滑的问题没有得到有效解决。体育部门对竞技成绩过分重视而忽略了运动员教育水平的提升，这不仅导致了部门间的疏离，也造成了体育教育的片面化。尽管近年来两大部门在促进青少年健康发展方面作出了许多努力，包括运动员培养、体育教师培训和校园体育运动队建设等方面的合作，但由于价值目标的不同，合作效果并不理想。长期的部门间价值目标不一，利益协调不畅，导致了体育和教育融合进程的缓慢，阻碍了体育教育的全面发展。

2.基层政府政令不畅

在体教融合的治理框架中，基层政府承担的角色至关重要。基层政府是促进教育和体育深度融合、实现青少年全面发展的强大推动力，然而，由于体教融合涉及的部门众多、层级错综复杂，行动目标、方式以及政策执行中的理解和落实存在显著差异，导致基层政府在推进体教融合进程中面临诸多挑战。首先，基层体育与教育部门之间的协调联动机制不畅，尽管作为二者上级的基层政府明确要求深化体教融合，但在具体实施过程中，由于两部门各自的重点领域和工作焦点不一，导致学校体育往往被边缘化，无法得到应有的重视和资源支持。其次，基层政府在落实体教融合政策时，始终面临着应试教育的压力，导致学校体育活动难以成为优先选项，学校体育政策在地方教育领域成为政策洼地，难以发挥预期的育人效能。最后，体育部门与教育部门在具体事务处理上的关注点不同，使得地方体育局很少能够对学校体育活动给予足够关注，体育活动的组织和推广多依赖于教育系统自身而缺乏体育专业领域的支持和引领。

3.组织实施混乱

在实施体教融合的过程中，组织实施混乱成为一个不可忽视的问题，尤其是在学校、体育培训机构、体校等主体之间的合作上表现尤为突出。例如，自2014年以来××市教委尝试通过补贴及购买社会服务的方式来支持学生体育活动，实际上由于体育项目多样性导致的管理混乱以及体育培训机构教练员的不稳定性，使得合作效果大打折扣。学校在组班时往往忽视学生个体差异，导致教学质量下降，而频繁更换的教练也影响了学生对体育技能的连贯性学习与掌握。由于主管部门缺乏有效管理而导致合作表面化，不仅未能实现体教融合的预期目标，还浪费了宝贵的教育资源，影响了学生的全面发展。因此，迫切需要从加强管理、完善制度等多方面入手，通过建立有效的合作机制和监督体系，确保体教融合能够在有序和高效的环境中得以实施，从而真正达到促进学生全面发展的教育目的。

5.4　国外体教融合的经验借鉴

竞技体育后备人才培养作为提升国家体育竞争力的重要基石，一直是世界各体育强国密切关注和积极探索的重点领域。不同国家根据各自的社会制度、文化背景和经济发展水平，形成了各具特色的竞技体育后备人才培养模式。尤其是美国和欧盟等体育发展水平较高的国家和地区，他们的培养模式不仅在促进本国体育事业的发展中发挥了关键作用，也为其他国家提供了宝贵的经验和参考。这些模式在体教融合策略、运作机制和实施效果等方面各有侧重，体现了不同的教育理念和体育文化，对于理解和探讨如何科学、有效地培养竞技体育后备人才具有重要意义。

5.4.1 美国模式：体育产业驱动体教融合

19世纪中期开始，美国高校体育便已崭露头角，其历史可以追溯到1852年，当年哈佛大学和耶鲁大学的赛艇比赛由一家火车公司赞助。这不仅标志着高校体育运动的起始，同时也为其商业化的特质奠定了基础。随着时间的推移，美国大学生体育联合会（NCAA）成长为一个拥有超过1 000个成员单位的巨大组织，每年举办数万场比赛，吸引了成千上万的学生运动员参与。在体育产业的推动下，美国高校体育形成了一种独特的体教融合模式，即学校利用学生运动员来获取荣誉和经济利益，而学生运动员则通过学校提供的资源获得个人发展的机会。该模式有以下三个主要特征：

1.自主招募高水平运动员

在美国高校体育与教育融合的发展历程中，NCAA的规制框架扮演了重要角色，逐步塑造了高校运动员招募的标准化过程。早期，高校在运动员招募方面享有较大的自主权，直至1965年NCAA介入设定入学标准，这一转变引起了社会对学术标准降低、运动员低毕业率等问题的广泛关注。为应对这些问题，1983年NCAA通过的48号提案及其后续修订案，严格规定了运动员的初始入学标准，并对招募过程的日程、程序进行了规范，制定了违规招募的惩罚措施。这些举措旨在确保招募过程的公平性和透明度。虽然NCAA的规制加强了外部监管，但各会员高校依旧保持了较大的招募自主性，以符合自身的需求和战略目标。

2.高校投入高水平运动队建设

在体育产业持续增长的背景下，美国高校投入高水平运动队建设成为一种趋势，尤其是那些拥有橄榄球和篮球项目的学校，它们通过巨额资金的不断投入，不但提升了运动队的竞技水平，同时也改善了训练设施和教练员的薪酬待遇。随着多媒体时代的到来，这些高校的体育赛事得以广泛传播，通过电视转播和社交媒体的曝光，不仅为学校带来了可观的经济收入，也提升了学校的社会效益。2020—2021学年度的数据显示，在1 845所公布体育运动数据的美国高校中，就有21所高校体育运动收入超过了1亿美元大关。此外，拥有优异运动队的高校能够吸引更多的社会资金支持，这不仅是对运动队本身的认可，也是对学校整体品牌形象的提升。高校体育赛事的成功不仅能提升学校的知名度，还能影响学生的申请意愿。以波士顿学院为例，因1984年一场传奇式的橄榄球比赛胜利，以及随后获得海斯曼奖的荣誉，使得学院在接下来两年的入学申请数量激增30%。综上所述，投入高水平运动队建设不仅是高校体育发展的需要，更是高校提升自身竞争力、扩大影响力的重要策略。

3.以赛事培养体育人才

相关数据显示，在美国，约有720万名高中生运动员积极参与各类学校体育竞赛，这一庞大的数字为美国高校运动员的选拔和培养奠定了坚实的基础。通过在初中和高中阶段对运动员的严格训练和竞赛的考验，以及高校入学资格的精心筛选，约有7%具备体育天赋的年轻人有机会进入拥有更优质训练和比赛条件的美国高校。这些被选拔进入高校的学生运动员不仅能够享受到丰厚的运动奖学金和其他福利，还能接受更为专业和系统的训练。2020—2021学年度数据显示，美国有1 270所高校为运动员提供了奖学金，资助比例达到了68.8%，这无疑大大降低了运动员及其家庭的经济负担，同时也激发了运动员的训练积极性。更为重要的是，美国高校普遍拥有高水准的体育训练设施和教练员团队，这为运动员的专业发展提供了强有力的支持。实际上，参加2021年东京奥运会的42名美国运动队教练员便出自美国的高校。虽然最终只有2%的高校运动员能够成为职业运动员，但大多数运动员在职业体育之外都能找到自己的职业发展路径。拥有运动员背景的学生在职场上往往表现出更强的团队合作精神、时间管理能力、竞争意识和领导能力，这些软技能使他们在就业市场上具有一定的优势。美国高校体育人才培养模式的成功，不仅在于它能够为体育界输送高水平的运动员，更重要的是它为运动员的终身发展奠定了坚实的基础。

5.4.2 欧洲模式：多元化体教融合

1.政府辅助资助模式

政府辅助资助模式是一种特殊的模式，即在国家没有直接出台促进高校体教融合的相关法律规定的情况下，通过建立支持体教融合的完整体系来实现对高校体育教育的资助和支持。丹麦和比利时作为此模式的典型代表，通过各自的体系和政策为高校体育教育的发展提供了有力的支持和保障。在丹麦，1984年颁布并在2004年和2021年进行修订的《精英运动员法》，确立了丹麦之队（Team Danmark）作为管理该国精英运动员的组织机构，并明确了其相应职责。在丹麦之队的协调和推动下，3/4的丹麦大学开展了高校体教融合项目。这些项目不仅为进入高校的运动员提供职业规划和运动心理方面的专家支持，而且还为名单上的运动员提供资金支持。通过这种方式，取得国家及国际竞赛成绩的运动员能够以较低的大学入学测试成绩，获得与体育运动与科学相关专业的入学资格，从而促进了优秀运动员的学业和体育双重发展。在比利时，体教融合模式则是通过多方签订协议的方式得以实现。2003年，比利时体育部、弗拉芒社区体育部（BLOSO）、比利时奥委会等与2所大学、3所技术学院签订了接收高水平运动员的合同。这一合同不仅包括为高水平运动员提供资助和奖学金，还要求高校提供高水平的教练、设施和教育。近年来，比利时彩票也加入了资助行列，为高校体育教育提供了更多的资金支持。政府辅助资助模式通过多种方式为高校体育教育提供支持，包括资金资助、专家咨询、设施建设等，不仅提高了高水平运动员的学业和体育成绩，还促进了高校体育教育的整体水平提升。这种模式显示了在没有直接出台相关法律规定的情况下，通过建立完整的支持体系来推动高校体育教育发展的有效途径。

2.体育联盟居中协调模式

体育联盟居中协调模式为一些国家的高校体育教育与体育竞技发展提供了独特的推动力。在这种模式下，政府体育管理部门与体育联盟组织发挥着不可或缺的作用，通过政策支持与资金提供，促进了高校体育与教育的融合发展。英国是这一模式的典型代表，其在推动高校体教融合方面的做法及成效，为其他国家提供了重要的借鉴。英国政府通过文化、媒体和体育部（DCMS）下属的"英国体育（UK Sport）"和"英格兰体育（Sport England）"两大机构，推行了"世界级运动员项目（WCPP）"和"潜力运动员奖学金项目（TASS）"，旨在支持英国的高水平运动员与有潜力的年轻运动员，帮助他们在保持学业与运动训练平衡的同时，实现体育竞技方面的突破。这两个项目的实施，有效地平衡了学习与训练之间的关系，减少了因学业与经济压力导致的运动人才流失。"世界级运动员项目"通过对运动员在世界比赛中获得优异成绩的可能性进行评估，为他们提供资金支持和专业的竞技顾问服务。而"潜力运动员奖学金项目"则是通过合作项目，将有天赋的运动员、高校基地和体育管理机构联合起来，为年轻运动员在学习和运动生活之间找到平衡点。这些项目的资金主要来源于英国国家彩票的收益，其使用主要用于满足运动员的运动支出，而非学业支出。

体育联盟居中协调模式在英国的成功，表明政府与体育联盟组织在高校体教融合发展中的有效协作可以为运动员提供全方位的支持。这种模式不仅促进了高水平运动人才的培养，也为运动员的学业和运动生活平衡提供了切实可行的解决方案。通过这种系统性的支持与协调，英国在国际体育竞技舞台上的成绩持续提升，同时也确保了运动员个人发展的多元性与完整性。

3.政府集中规制模式

在政府集中规制模式下，国家通过具体的法律措施确保高校体育教育与体育竞技的深度融合，为高水平运动员提供最高层面的教育保障。这种模式的核心在于通过国家级法律框架明确规定和保障运动员的教育权益，匈牙利和西班牙是该模式的杰出代表。匈牙利的246号法令为获得奥运会前3名的运动员提供了免试进入高等学校的权利，同时为在奥运项目的世界或欧洲锦标赛以及国内比赛中取得前3名的运动员提供了额外的奖励分数，这种政策极大地促进了体育人才的学业发展，激励了运动员在竞技体育中的表现。西班牙通过一系列的法令，不仅为精英运动员在兵役、教育、就业和税收方面提供了具体的优惠措施，还特别要求高校为精英运动员保留一定比例的入学名额，并为他们在学业安排、考试、认证等方面提供了权利和便利。精英运动员可以享有在被认定期间内的多种权益，确保他们能够在保持运动训练和参与竞赛的同时，不受学业进程的干扰。这种由政府主导、通过法律规定具体实施的模式，有效地解决了高水平运动员在追求体育成就与学业发展之间的矛盾。政府的集中规制不仅提供了一个清晰的政策指导和法律支持框架，也为高校体教融合的有效实施创造了条件。通过这种模式，不仅能够确保运动员的教育权益，同时也为高校培养出具有较高教育水平的优秀运动员提供了可能，进一步促进了体育人才的全面发展和体育竞技水平的提升。这一模式的成功实施，为其他国家推进高校体教融合提供了有益的经验和参考。

4.自主协调模式

在自主协调模式下，国家对高校体育教育与体育竞技的融合并没有提出强制性的规定和措施，这种模式的核心是依靠高校和运动员之间的自主沟通与协调来实现体教融合的需求。爱尔兰是这一模式的代表，其高校入学和体育奖学金的申请过程充分体现了这种自主协调的特征。在爱尔兰，大学入学的申请是通过该国的中央申请办公室网站进行，而体育奖学金的申请则需跳转至对应申请学校的学校网站进行申请。申请过程中，高水平运动员的运动成就和学术成绩将成为评判其是否能够获得体育奖学金的关键因素。这一过程需要高水平运动员主动与申请学校的相关部门进行沟通和面试，体现了自主协调的特点。虽然一些高校可能会对高水平运动员的入学学术要求作出适当降低，但这种宽松通常仅限于申请体育相关专业。此外，体育奖学金的发放在爱尔兰并不普遍，且金额和发放人数相对较少。奖学金的发放还附带期中和期末的考核，评价运动员的运动和学术表现，仅在达到预设目标后才会发放下一年度的奖学金。这些进一步强化了高校和运动员之间自主协调的重要性。自主协调模式下的体教融合面临的主要挑战之一是不确定性，由于缺乏统一的政策指导和规定，高水平运动员在不同高校之间的教育和训练支持差异较大，这不仅影响了运动员的发展，也对高校体教融合的整体效果产生了负面影响。自主协调模式虽然给予了高校和运动员较大的自由度，但同时也带来了较大的不确定性和不一致性。为了更有效地实现体教融合，需要高校、运动员以及相关部门之间建立更为紧密、有效的沟通机制，确保高水平运动员能够在追求体育竞技成就的同时，获得均衡和高质量的教育支持。

5.4.3 国外体教融合经验带来的启示

国际上的体教融合模式为各国推进体育与教育融合提供了丰富的实践案例和经验。美国、欧洲各国的不同实践揭示了体教融合的多种可能性和路径，展示了在不同社会文化、经济发展水平和体育传统背景下，体教融合如何通过各种策略和机制实现其目标。这些经验不仅对于理解如何在全球化背景下促进体育与教育的和谐发展具有重要意义，也为寻找适合本国国情的体教融合路径提供了启示和参考。

美国模式凸显了体育产业在体教融合中的驱动作用。美国高校体育的发展历程和NCAA的成功，展示了一个以市场为导向、强调竞技体育和教育融合的模式。美国高校在通过体育竞赛获得经济收益和提升校园形象的同时，还为学生运动员提供了获得优质教育和个人发展的机会。这种模式的成功有赖于强大的体育消费市场、高度发达的体育赛事传播体系和专业化的体育管理结构。美国模式虽然向我们展示了如何利用体育产业的力量促进体教融合，但是也提示我们需要关注体育商业化带来的挑战，即如何保障教育品质、运动员权益和公平竞争。

欧洲模式则更加多元化，体现了政府、体育组织和高校之间协调合作的重要性。从政府辅助资助模式、体育联盟居中协调模式到政府集中规制模式，每种模式都体现了对运动员教育权益的重视和对体育人才培养质量的追求。这些模式的共同点在于，都试图为运动员提供一个能够平衡体育训练和学习的环境，确保运动员在追求体育成就的同时，不会忽视或牺牲教育发展。欧洲的实践启示我们，政府的政策支持、资金投入和制度建设在体教融合中起着基础性作用，同时也需要体育组织和教育机构的积极参与和合作。

在综合分析国外的体教融合模式和经验后，可以从中得到几个重要的启示。首先，体教融合需要一个整合性的框架和多方参与的合作机制。无论是依赖体育产业的美国模式，还是涉及政府主导和协调的欧洲模式，都显示了不同利益相关方如何通过各自的角色和功能，共同推动体教融合的进程。其次，体教融合的成功实施需要注重平衡体育与教育的关系，确保运动员的全面发展。这不仅涉及运动员在校的学习和训练，也包括其职业规划、心理健康和社会适应能力的培养。再次，政策支持和资金投入是体教融合的重要保障。国家和地方政府的政策导向、资金扶持和法律保障为体教融合提供了基础条件和外部环境。最后，对于运动员的教育和训练支持需要具有一定的灵活性和适应性，需要考虑到运动员的个性化需求和特殊情况，为他们提供量身定制的支持和服务。

5.5　我国体教融合发展的推进策略

5.5.1　以"一体化"的发展逻辑推进体教融合

1.夯实"一体化"推进的组织基础

体育与教育的深度融合不仅是一种理念上的创新，更是一种制度与机制上的革新，它要求我们打破传统部门之间的隔阂，构建一体化的发展框架，从而促进体育与教育资源的共享和互补，实现双方资源效益的最大化。夯实体教融合"一体化"推进的组织基础，需要我们在政策设计、机构设置和实施机制上进行全面的优化和创新。通过顶层设计与基层实践的有效联动，政府、学校与社会体育组织的紧密合作，以及不同类型学校间的资源共享和互补，可以有效促进体育与教育的深度融合，为青少年提供一个更加全面、多元和高质量的教育和体育发展环境。具体如下：第一，顶层架构与基层运行的有效联动是实现体教融合"一体化"推进的首要条件。这要求我们在政策制定过程中充分考虑到地方部门实施的可能性，同时也要将地方的实施经验反哺到国家的顶层设计中，确保政策的制定和落实能够真正符合基层的实际需求。例如，云南省"中考体育100分"就是一个典型的例子，它不仅激发了学生的体育兴趣，也为全国的体育教育政策提供了可借鉴的经验。第二，赛事活动和运动培训服务。通过构建政府、学校、社会团体以及市场资源之间的互动机制，可以有效地促进体育资源的整合和优化，为学生提供更加丰富和专业化的体育锻炼机会。第三，政府、学校与社会体育组织之间的有效联动是夯实组织基础的重要途径。这要求我们鼓励和支持青少年体育俱乐部的发展，制定明确的标准引导社会体育组织进入学校，为学校提供专业化的体育服务。第四，不同类型学校间的有效联动是实现体教融合的又一重要策略。通过推动传统项目学校、体校与普通学校之间的资源共享和互补，可以有效解决体育人才培养与体育事业发展之间的错配问题。此外，高等院校的高水平竞技体育可以为中小学体育发展提供重要的带动作用，促进大学、中学、小学乃至幼儿园体育教育的系统衔接，实现体育教育的纵向一体化发展。

2.优化"一体化"推进的运行机制

优化"一体化"推进的运行机制，需要我们实施人才资源共享机制，形成一体化的赛事运营机制，建立体育服务购买机制以及多主体的互动机制，不断推动体教融合的发展。具体如下：第一，实施人才资源共享机制，打破体育系统与教育系统之间的壁垒，实现人才资源的互通有无。具体来说，可以通过制定优秀退役运动员进入学校担任体育教师和教练员的政策，以及促进体育与教育系统间教师和教练员的互换任教，这样不仅可以丰富学校体育教学的内容和形式，还可以提高学生的运动技能和体育兴趣。同时，通过政策确保从体育系统转入教育系统的人才享有同等的地位、待遇和发展机会，从而吸引更多优秀人才参与到体教融合中来。第二，形成一体化的赛事运营机制，通过共同制定和完善体育系统赛事、教育系统赛事的并轨机制，有效地解决两个系统之间赛事标准不一、参赛资格认定差异的问题。同时，对赛事进行分类管理，厘清不同赛事的归口部门，做好赛事运动等级评定工作，有效提高赛事的组织效率和质量，促进学生全面发展。第三，建立体育服务购买机制。通过制定社会体育俱乐部参与政府购买服务的制度，有效地促进社会体育资源向学校倾斜，丰富学校体育教育的内容。同时，完善相关的收费制度和体育教学活动质量监控标准制度，确保体育教育活动的质量，提高体育教育的整体效果。第四，建立多主体的互动机制，不断完善体育场地器材建设，并积极向青少年免费提供体育设施，定期提供体育健身指导和举办运动会，促进学生的参与。社会组织和青少年体育俱乐部应合理有序地开展体育培训、训练、竞赛等活动，充分发挥其在青少年体育活动中的带动作用。此外，家长在思想上应转变对体育的认识，在行动上引导孩子积极参与体育运动，形成良好的家庭体育文化。

3.构建"一体化"推进的保障体系

当下，体教融合"一体化"推进的成功实施，关键在于构建一个全面的政策支撑、评估监督、整改反馈的"大保障"体系。这一体系不仅需要跨越教育、体育、民政等多个领域的合作，还需要创新政策工具和管理模式，以确保体教融合的目标能够顺利达成并持续发展。具体如下：第一，构建健全的政策法规。需要对现有的《学校体育工作条例》《国家学生体质健康标准》等进行细化和完善，明确体育、教育、卫生等部门的责任分工和协同机制。通过制定具体的政策法规，为体教融合提供法律依据和政策指导，确保各项措施能够落到实处。第二，建立科学的评估考核体系。这一体系不仅要涵盖学校体育教学、学生体质健康、课余训练和竞赛活动，还要涵盖体教融合的政策实施、资源配置、活动开展等各个方面。通过定期的评估和反馈，可以及时发现问题和不足，进而调整和优化体教融合的实施策略。第三，加强监督管理与反馈机制。需要建立起从国家到地方的多级监督体系，形成横向到纵向、全覆盖的监督管理网络。同时，建立完善的反馈机制，将监督结果和评估反馈及时通报给相关部门和单位，促使其根据反馈进行整改和优化，确保体教融合的各项措施能够持续改进和完善。第四，落实激励保障机制。通过设立奖励基金、表彰优秀个体和单位等方式，激发学校、教师、学生和社会各界参与体教融合的积极性和主动性。同时，要确保优秀运动员、教练员进校园的政策能够得到有效实施，为他们提供必要的支持和保障，鼓励更多的体育人才投身于教育事业。第五，推动跨部门合作与资源整合。要加强教育、体育、民政、卫生等部门之间的沟通和协作，建立起有效的协调机制，共同推进体教融合的各项工作。同时，通过资源整合，优化资源配置，确保体育与教育资源能够共享、互补，最大化地发挥其效益。第六，强化社会参与和公众支持。鼓励和支持社会组织、企业、家长和志愿者等社会力量积极参与到体教融合中来，形成强大的社会支持网络。同时，通过媒体和公共宣传，提高公众对体教融合重要性的认识，营造有利于体教融合的社会氛围。

5.5.2　构建体教融合战略联盟

当前对于体教融合的讨论过分集中于体育系统与教育系统之间如何实现更有效的协同合作，这种局限性的思考框架虽然在一定程度上促进了两大系统之间的互动，但却忽略了在我国特有体制背景下，政府系统、企业系统以及其他社会系统等多元要素在体育与教育融合进程中所能发挥的独特而重要的作用。体教融合的发展应追求一个分工合作、资源共享、结构合理且相互协同的更广泛发展模式，需要构建一个以体育和教育为核心，同时将社会、企业、市场等多元主体纳入其中，协同发展的竞技体育人才培养体系。

战略联盟，在当今快速变化的全球环境中，已成为各领域组织应对挑战、把握机遇的重要战略选择。尤其是在体育与教育的融合领域，面对社会需求向更高水平和更高质量发展的趋势，单一组织很难独立应对新环境的挑战和新型战略的要求。战略联盟以其独特的合作体制和混合式组织形态，为实现资源共享、风险分担、快速达成战略目标提供了一条有效路径。战略联盟作为一种多边性的"网络化"组织，通过多元主体之间的"权""责""利"共担共享，强调主体间的协调合作，为体教融合提供了一种新的组织形式和治理结构。在中国特有的社会文化背景下，体教融合战略联盟的形成和发展具有其独特的组织形态和治理结构。这种新型的混合组织不再局限于体育系统和教育系统的合作，而是更加注重政府系统、企业及其他社会要素系统的多元参与和共同治理。通过这种跨领域的合作模式，能够整合各方优势资源，形成一个互利共赢的合作平台，从而有效促进体育竞技后备人才的培养和全民健身等社会需求的满足。为了确保战略联盟能够高效而合理地运转，各参与主体可共同组建负责管理与协调的理事会和理事机构。这些治理结构的设置，旨在促进成员之间的有效沟通、协调与协作，确保战略联盟内部各方面的资源和优势能够得到充分利用和整合。通过这样的治理模式，战略联盟能够将各参与主体的力量和资源科学合理地集成为一个有机整体，为体育和教育的深度融合提供坚实的结构基础，并创造出更多适宜的体制设计空间。

为了适应新时期培养高素质体育后备人才的需求，转变体育和教育两大系统各自为政的局面，实现从简单配合到深度融合的跨越，必须走向现代化的协同治理之路。体教融合战略联盟，作为一种创新的混合治理结构和组织平台，为这一目标提供了新的实施路径。战略联盟要求打破传统的部门壁垒，构建一个多元参与的管理体制，既需要体育和教育系统的共同努力，同时也需要社会、市场、企业系统以及其他社会要素的广泛参与和协作，以实现资源共享、利益共赢（如图5-1所示）。为确保战略联盟的健康发展和有效运作，必须加强战略联盟制度的建设，建立一套完善的监督协调监管体制，这其中政府将发挥政策制定、统筹协调、管理监督的关键作用，处理好战略联盟主体间的利益分歧与矛盾。明确战略联盟的合作动机和长效合作的运行体制是战略联盟成功的关键，这要求所有参与方在"风险共担、利益共享"的基础上，明确各自的权利、责任和利益，确保战略联盟的稳定和持续发展。此外，设立专业的管理机构和完善网络治理的创新体制对于提高战略联盟的治理效率和效果至关重要。通过这些措施，体教融合战略联盟将能够有效促进体育与教育的深度融合，为培养高素质体育后备人才奠定坚实的基础。

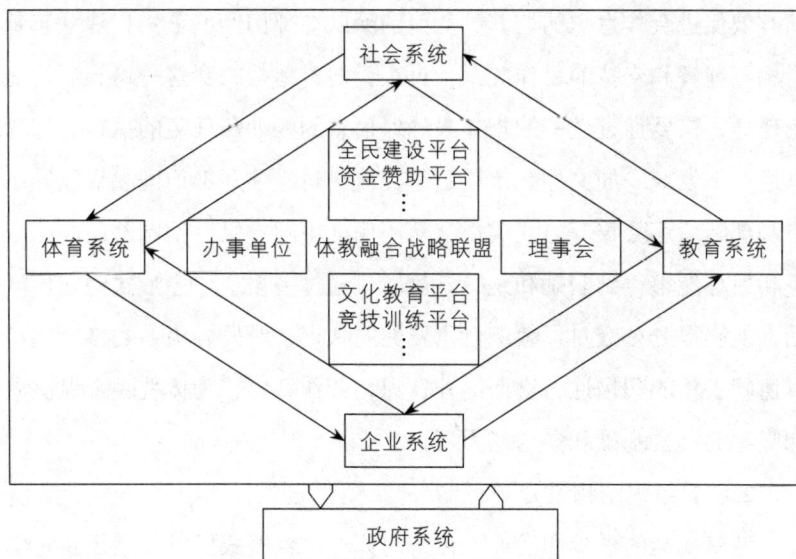

图5-1　体教融合战略联盟

5.5.3 多层次视域下优化体教融合治理

1.强化部门间沟通

在体教融合过程中，构建一个高效的协同机制是实现各方利益最大化、推动体教融合深度发展的关键。需要识别并肯定各参与主体的多元价值观，并培育合作意识，来确保各方能够在共同目标的指引下有效协同工作。在此过程中，部门间的沟通成为一个举足轻重的环节，需强化各部门间的沟通，树立协同精神。首先，在体教融合的进程中，不同主体因其利益驱动可能存在利益分歧，需建立一个有效的协同机制，在确保各方利益最大化的前提下寻求共识和认同。这要求各部门在沟通过程中开展充分的对话，理解和尊重彼此的差异和利益诉求，从而在多元价值观的基础上找到共同的合作点。其次，在多层次治理的视角下，每个行为主体都具有独立的资源禀赋，且彼此之间平等独立，通过定期开展跨部门交流、共同参与政策制定等活动，可以有效促进合作意识的培养，从而消除以往部门间的隔阂，建立起基于相互理解和支持的合作关系。再次，面对体教融合这一跨领域的复杂任务，需要通过统一的指挥来确保信息的畅通和任务的执行。这可以通过下发统一的文件、定期组织交流研讨、建立部门间联合领导小组和部际联席会议等方式实现，从而保证不同层级、不同部门间的任务和目标能够得到明确和统一。最后，通过多渠道、多形式的宣传活动，能够提升公众对体教融合重要性的认识，激发各级各类参与部门对协同工作的积极性，进而提升认识和合作意愿，为体教融合提供更加坚实的社会基础和参与动力。

2.创新组织结构设计

随着社会的进步和发展，传统的体教融合模式已难以满足新时期的需求，因此设计一个多层次治理框架下的组织结构成为推进体教融合的关键。这种组织结构不仅需要自上而下的制度供给，更需要确保协同运行的有效支撑，以实现体教融合的战略目标。组织结构设计的核心在于确保各参与主体之间能够有效沟通、协作，实现共同目标。教育部与体育总局作为体教融合的总指导部门，负责全局的策略规划和政策制定，保证方针政策的贯彻落实。地方基层政府、教育部门与体育部门需要根据中央的指导方针和本地实际情况，制订地方性的体教融合计划，积极与社会各界沟通协作，形成地方性创新范式。学校、社会体育组织、社区、家庭等实施主体则在这一框架下，根据自身职能和资源，参与到体教融合的具体实施中，共同推动体教融合的进程。在遵循设计原则的基础上，需要明确以下几点：一是协商机制。通过设立协商平台，各参与主体可以围绕体教融合的共同目标进行深入讨论，共同决策重要事务。这种协商过程有助于实现各利益相关者的愿望和利益的最大化，减少或避免潜在的矛盾和冲突，实现科学民主的决策。二是监督机制。在多层次治理结构中，既需要建立对行政权力的监督机制，也需要行政主体对其他参与主体的监督。这一机制的建立有助于督促行政主体正确行使权力，防止权力滥用，确保各参与主体的权利和义务得到合理的落实。三是责任机制。责任机制建立的关键在于明确分工。在体教融合的多层次治理结构中，各参与主体不仅共享权力，同样也应共担责任。强化行政部门的责任是责任机制建立的基础，需要确保行政部门在共治过程中不推卸责任，同时，明确各参与主体的责任范围和任务，保证体教融合的有效实施。

3.优化利益驱动机制

在实现体教融合的过程中，涉及多个子目标，包括建立优秀运动员学校培养体系、青少年体育竞赛体系和学校体育的多样化发展。这些目标的实现需要多个主体的共同参与和多层治理下平等主体间的有效互动。因此，构建一个既能促进各参与主体积极性又能保证公平合作的利益驱动机制显得尤为重要。首先，需要明确不同目标下的参与主体，参与主体应包括教育部门、体育部门、地方政府、学校、社会体育组织和家庭等。明确这些主体后，形成一个平等对话的环境至关重要，联席议事制度就是一个有效的方式。通过组织各部门共同参与决策过程，可以实现领导整合、政策整合和资源整合，确保合作过程中各项具体事务的明确和平等对话。其次，要完善利益补偿机制与利益共享机制。其中，利益补偿机制是优化利益驱动机制的首要环节。通过地方政府对教育部门和体育部门的利益补偿，可以在一定程度上减轻两部门的经济压力，从而获得其充分的配合。例如，给予教育部门补偿用于聘请和培训体育教师，给予体育部门补偿用于体育设施使用费等。这种补偿不仅能激发各部门的工作积极性，还能促进资源的有效利用和优化配置。利益共享机制是激励各方积极参与体教融合的另一关键环节。教育部门与体育部门拥有不同的资源，通过资源的互补可以实现利益的最大化。例如，引入社会体育组织和体校教练进入学校进行体育指导，可以帮助学校解决体育教师不足和场地器材限制的问题。为了提高各方的参与积极性，需要通过协调赋予各方一定的利益，确保各参与主体能够在体教融合过程中获得相应的回报。最后，为了进一步优化利益驱动机制，需要完善跨部门合作的发展模式，协调横向政府与跨部门合作的利益关系，在平等、兼容的氛围中形成完善的利益补偿和利益共享的激励机制。同时，政府在这一过程中扮演着至关重要的角色，通过提供资金支持和制度保障，为体教融合的顺利进行提供坚实的基础。

4.完善管理监督机制

在推进体教融合的过程中，完善管理监督机制是确保其切实发展的关键。面对多层次网络治理中的复杂互动与协调，尤其是在纵向和横向两个治理维度中，如何实现有效的监督评价，成为一个亟待解决的问题。需要成立一个具有"超政府机构"性质的公共机构,专责协调各方利益及进行独立的工作评价与监督,避免利益冲突并提升监督效率。同时,通过制定相关协议优化政府间公共事件合作的制度基础,明确多方主体在体教融合中的权利义务与责任分工,确保权责相匹配。故而,教育部与体育总局应共同成立体教融合联合领导小组,负责定期监督评价基层部门的工作,建立绩效指标以及定期考核机制,以此激发基层部门和学校的工作积极性。基层政府及教育、体育部门需对学校的执行工作进行定期检查,同时对社会体育俱乐部的资质进行监督,严格管理从业人员。学校内部也应建立有效的自我监督和反馈机制,通过评估教学效果、学生参与度及满意度等进行及时调整和优化。通过这样一系列的措施,确保体教融合在各级政府和社会成员间形成有效的互动与协调,为青少年的健康发展提供有力支撑,推动体教融合向前发展。

6

"双减"背景下学校体育教学改革与创新

随着时代的进步和社会的发展，体育教育领域迎来了改革的新浪潮。2021年6月，《〈体育与健康〉教学改革指导纲要（试行）》（以下简称《体改纲要》）发布，2021年7月，《关于进一步减轻义务教育阶段学生作业负担和校外培训负担的意见》出台，为体育教学的改革和发展指明了方向，不仅突出了体育教学在青少年成长中的重要作用，更为学校体育的创新与进步创造了空间。政策的出台，既展现了国家对体育教学改革重要性的高度重视，也为体育教学的未来发展提出了新的要求。然而，在前进的道路上，仍然面临着诸多挑战，包括理念上的认知偏差、教学体系的不完善以及教学条件的限制等，这些都制约着体育教学的发展。尽管国内外学者已从多个角度对体育教学改革进行了广泛探讨，但在"双减"背景下，如何适应教育环境的新变化、如何深化体育教学改革，仍需进一步研究和探索。鉴于此，本章基于"双减"背景，通过梳理和分析学校体育教学改革的核心逻辑，全面审视改革过程中的挑战，构建出既符合时代背景又能满足学校体育教学需求的改革路径，为学校体育的高质量发展提供思路与行动指南。

6.1 "双减"背景下学校体育教学改革与创新的逻辑阐释

6.1.1 深化"健康第一"的认识

《体改纲要》明确提出在体育教学改革中要树立和坚持"健康第一"的理念，为中小学体育教学改革指明了方向。随着体育教学改革的深入推进，学校体育教学的顶层设计与规划逐渐完善，体育教学的改革氛围愈发浓厚。将"健康第一"的理念贯彻到体育教学的每一个环节中，是对传统体育教学模式的一大突破，它要求我们在体育教学中转变传统的"重技术、轻体质、淡健康"的教学理念与方法，更加注重学生的体质健康、健康行为习惯的培养以及体育品德的塑造。第八次全国学生体质与健康调研结果显示，中小学生的体质健康水平有所提升，但同时也暴露出视力不良、近视率偏高、超重肥胖率上升等问题，进一步凸显了加强中小学生体育教育、贯彻"健康第一"精神的紧迫性与重要性。从"双减"政策实施以来，教育重心重新回归校园，学生获得了更多参与体育活动、促进身心健康发展的机会。这一政策的推进，不仅减轻了学生的学业负担，也为学校体育教学的改革提供了新的契机，使得体育教学能够更好地发挥育体、育智、育心的综合育人价值。

6.1.2 贯彻"立德树人"的引领

"立德树人"根本任务的提出，为中小学体育教学提供了明确的指向和强大的动力。这不仅体现在教育部《〈体育与健康〉教学改革指导纲要（试行）》中对体育教学目标的明确要求上，更成为体育教学在内容组织、方法选择以及评价创新等方面的主旨思想。通过体育教学，应不仅能增强学生的体质，让学生享受运动的乐趣，更重要的是要在此过程中培育学生的道德素养、锤炼其坚强意志，促进其人格的全面发展。"立德树人"思想已经在各级各类学校体育教学中得到了广泛的贯彻与落实。这一思想的深化和实践，不仅是对中小学体育教学目标和价值的重新认识，也为体育教学适应新时期的发展提出了新的要求。为了更好地彰显体育的价值、实现体育功能，进而达成以体强身、以体增智、以体育人的目标，深化体育教学改革成为当务之急。"双减"政策的实施，使学生所面临的学习压力和身心压力得到了一定程度的缓解，延长了学生参与体育运动的时间，推动了他们在知识技能、规则礼仪、道德素养、体育精神等方面的全面发展，也拓展了学生参与体育运动的形式，使其能在多样化的体育活动中充分体验运动的乐趣、增强体质、锤炼意志并健全人格。综上，坚持"立德树人"的根本任务导向，不仅是对体育教学高质量发展的现实要求，也是体育教学价值的体现。通过不断深化体育教学改革，将"立德树人"的理念贯穿于体育教学的全过程，可以有效促进学生的全面发展，为培养具有健康体魄、高尚品德和坚强意志的新时期青少年奠定坚实的基础。

6.1.3 明晰"核心素养"的导向

新时期，培养学生的体育学科核心素养成为教学改革的诉求之一。《义务教育体育与健康课程标准（2022年版）》（以下简称《标准》），将党的教育方针细化为体育与健康课程应着力培养的核心素养，这不仅体现了教育的育人导向，也为体育教学改革指明了方向。这些核心素养包括正确的价值观、必备的品格与关键能力，如体育品德、健康行为和运动能力，它们构成了体育教学的主要内容和目标。"双减"政策的实施，从另一个角度为体育教学改革提供了支持和空间：一方面，通过有效缓解家长焦虑、增加家庭体育活动，"双减"政策促进了家庭体育与学校体育教学的互补，有利于学生在家庭环境中养成良好的运动习惯和健康行为，同时加强了亲子关系；另一方面，通过减轻学生课业与校外培训负担，为学生参与学校体育活动留出了更多空间，有助于激发学生对体育的兴趣，强化其参与意识，进而提升体育教学的质量，深化体育教学改革。"双减"政策将学生的身心健康成长和综合素养提升作为减负工作的重要原则，这要求教育工作者在实施过程中处理好学习与素养培育之间的关系。随着政策效应的持续深化，导向明晰的核心素养逐渐成为体育教学改革的焦点，各地正在进行中的体育教学改革既对"双减"政策理念作出了积极响应，也在体育教学实践中逐步落实"四位一体"发展目标。更加注重核心素养的培养，不仅是对学生个人发展的关照，也是对整个社会健康、和谐发展的贡献。通过体育教学，学生不仅能学习到运动技能，更能在运动中学会合作、坚持和尊重，培养积极健康的生活态度和价值观，这对于实现体育教学的深远目标、促进学生全面发展具有重要意义。

6.2 "双减"背景下学校体育教学改革与创新面临的挑战

6.2.1 共育机制无力，应试问题凸显

"双减"政策的出台，体现了党和国家对学生身心健康和全面发展的充分重视。然而，"家校社"一体化共育机制的实际效力仍显不足，这在很大程度上影响了学校体育的高质量发展以及学生健康水平的提升。首先，家校共育深度不足，这具体表现在家长对体育教学参与的认识和实践上。尽管家长委员会被寄予希望成为家庭体育与学校体育之间的桥梁，但其实际作用发挥并不理想，这不仅体现在校方对家长委员会作用的评价上，也反映在大部分家长过度依赖学校、将教育孩子的主要责任推给学校的现象上。其次，校社资源共享的不足进一步限制了学校体育教学的发展。社会体育资源与学校体育教学的有效对接尚未实现，导致了学生在参与体育活动时资源的匮乏，这不仅影响了学生体育技能的学习，也阻碍了他们健康水平的提升。再次，在应试体育的影响下，家庭体育和社会体育合作往往以提高学生体育测试分数为目标，而非真正意义上的促进学生健康发展，这种功利化

的合作模式在一定程度上忽视了体育教育目的的本质。最后，纵观当下教育生态，应试教育的思想仍根深蒂固，其对体育教育的影响不容小觑。体育测试作为检验学生体育学习成果的重要环节，其实施过程中出现的功利现象严重偏离了体育教育的初衷。人们对体育考核的认识较为偏颇，将其仅仅视为一种测评和选拔的手段，而忽视了其通过体育测试精准育人、促进学生健康发展的功能。同时，功利备考现象的普遍存在，也反映了当前体育教学中存在的问题，即在提升学生体育成绩的过程中，忽略了培养学生对体育运动的兴趣和提高其健康水平的重要性。综上，要真正提升学校体育教学的质量和学生的健康水平，就必须从根本上解决家校社一体化共育机制薄弱的问题。

6.2.2 师资力量薄弱，资源分配不均

"双减"政策的实施对学校体育教学提出了新的要求，比如体育教学的高质量发展和满足课后体育服务的需求。然而，我国体育教师队伍的短缺与质量不佳，以及体育资源的分配不均衡，成为制约学校体育教学质量提升的障碍。具体如下：一是师资力量不足。据教育部统计，目前体育教师与学生的比例约为1∶250，远超合理范围，导致体育教师负担过重，难以充分实现教学效果，尤其是在课后体育服务方面。此外，体育与教育部门之间互通机制的不完善，阻碍了优秀运动员和教练员进入教育体系，加剧了教师短缺的问题。同时，高校培养的体育师范生缺少实践能力的锻炼，与学校体育教学的需求存在偏差，这进一步加剧了师资力量的不足。二是体育教师在理解和实施中小学体育教学改革政策方面存在缺陷。许多教师对教学改革相关政策的理解不够透彻，导致无法在教学实践中有效运用新思想和新观念。同时，对于体育教学的发展动态和相关理论知识的关注不足，限制了他们在教学内容和方法上的创新。三是体育教师的个人能力和外

部环境的限制影响了他们进行有效的课程创新。由于课程设计、班级管理、教研活动等多方面的任务，教师难以将足够的时间和精力投入到体育教学的创新中。这种状态不仅限制了教师个人能力的发挥，也影响了教学改革的整体效果。而且，部分体育教师面临着极大的考核压力，这种以"标准"和"要求"为导向的考核机制，进一步削弱了教师的主动性和积极性。长期处于高强度的工作压力下，相当一部分的体育教师身心疲惫，难以在教学中进行有效的创新和改进。四是资源分配的不均。城乡、地区间的不平衡，以及不同学段间的资源配置差异，都影响了学生平等参与体育活动的机会。特别是西部偏远山区的学校甚至难以保障基本的教学条件，足球场、篮球场等运动场馆更是奢谈。此外，运动器材建设未能充分考虑学生的运动喜好和需求，导致体育设施利用率低下。例如，虽然男生普遍喜爱篮球，但课间篮球场常常过于拥挤，而寒暑假期间却又人去场空，这种资源配置与实际需求的不匹配问题，需要得到有效解决。

6.2.3 课程衔接不畅，内容融合缺失

《关于全面加强和改进新时代学校体育工作的意见》（以下简称《意见》）指出，要"加强体育课程和教材体系建设。学校体育课程注重大中小幼相衔接，聚焦提升学生核心素养"，并强调了健康教育与中华传统体育项目、课程的重要性。目前，我国学校体育课程领域存在的长期学段衔接不足问题，成为制约学生健康成长的重要因素。具体表现为以下两点：一方面，体育课程内容过渡的欠缺问题凸显了当前教育体系中课程设置的不合理。不同学段体育课程的内容重复，缺乏深度和广度，导致学生从小学阶段一直到大学阶段接触到的体育项目和技能大同小异，这不仅限制了学生体育技能的提升，也影响了他们对体育活动的兴趣和热情。尤其是中华传统体育项目的缺乏，更

是使得学生难以在体育学习中培养对民族文化的自信和自豪感。另一方面，课程设置衔接不当的问题亦不容忽视。中小学阶段的"体育与健康"课程与大学阶段的"大学体育"课程在名称及属性上的显著差异，反映了不同教育阶段在教育目标、教学内容及教学指导上的脱节，没有形成一个连贯、系统的体育教育体系。这种差异不仅影响了学生对体育知识的系统学习，也降低了体育课程对学生健康习惯养成的促进作用，影响了学生对中华传统体育项目的了解。

《意见》指出加强体育课程体系建设和涵养健康校园体育文化的重要性，提出构建高质量体育课程内容体系是促进学生学习健康知识和中华传统体育项目的关键。然而，目前我国体育课程体系呈现出明显的系统规划缺失特征，尤其是在健康理念的融合和体育文化交融方面存在不足。一方面，从健康理念的融合来看，目前我国义务教育阶段的健康教育内容过于宏观，缺乏对不同地区、不同层次的学生提供个性化健康教育的细致规划。这种情况导致了体育与健康教育内容之间的衔接不足，健康教育内容的碎片化严重，难以实现教育目标的有效达成。此外，学校体育教学主要聚焦于运动项目，而对健康教育内容的涉及不够深入，未能全面覆盖学生在健康知识方面的需求。另一方面，体育文化交融方面的不足更是突出。虽然《标准》对中华传统体育项目给予了高度重视，但在实际教学中，中华传统体育项目的融入和推广仍然面临诸多挑战。缺乏专门的教材体系、体育中考对中华传统体育项目的忽视以及传统体育项目师资的数量不足和质量不高，都成为制约学校体育教学改革和弘扬中华优秀传统文化的障碍。根据统计，能够满足中华传统体育项目正常教学需求的学校仅占19.06%，并且有45%的教师在专业技能上仍处于初级水平，这无疑限制了中华传统体育项目的普及和发展。

6.2.4 评价手段单一，评价维度片面

《意见》提出，要"推进学校体育评价改革"，"完善体育教师岗位评价"，"健全教育督导评价体系"。目前，我国学校体育评价手段的单一性成为制约体育教学改革深化的关键问题，具体来说有以下两点：一是体育评价系统存在增值性评价不足的问题。不同地区及城乡之间的发展水平差异意味着学生的体育学业水平及教学质量也存在显著差异。如果仅仅采用统一的平均标准来评价所有学生的体育学业水平，那么部分基础好的学生即使没有明显进步，也可能轻松达标，而基础较差的学生即使努力提升，也可能因为达不到平均标准而受到不公平的评价。这种评价方式忽视了学生个体差异和个体进步的价值，不利于激励所有学生积极参与体育活动，更不利于体育教育公平性的实现。二是过程性评价的欠缺也是目前体育评价体系中的一大短板。虽然体育学业水平考试试图通过结合过程性和结果性评价来全面反映学生的体育学习成效，但在实际执行过程中，由于考试制度的不完善和利益驱动等因素的影响，过程性评价往往掺杂了较多主观因素，缺乏客观、系统的评价标准和机制。这种状况导致了功利性备考现象的频发，学生为了应对考试和体质监测而临时"抱佛脚"，忽视了体育学习过程中技能习得、健康习惯养成等方面的长期积累。

当前我国学校体育评价体系的维度相对片面，主要集中在学生体质方面，而对于健康预防、行为习惯、心理健康及社会适应等方面的评价标准不够详细甚至缺失。这种评价维度的局限性与"健康中国"战略下的教育理念不相吻合，也不利于学生的全面和谐发展。在当今社会，青少年除了需要具备良好的体质外，还需要拥有健康的生活习惯、稳定的心理状态和良好的社会适应能力，这些因素共同构成了一个人的全面健康。因此，仅仅侧重于体质的评价是远远不够的，需要

一个更加全面的评价体系来促进学生各方面能力的发展。目前的体育评价体系在针对性方面也存在不足。体育学业水平考试虽然提升了体育学科在学校教育中的地位，但在具体的教师考评中，对体育教师的评价体系中依然缺乏与学生体考成绩相关的指标。这种考评方式的不合理，不仅使体育教师对待体育中考或体质监测缺乏足够的热情，也影响了体育教学的质量和效果。同时，将体育中考的测试成绩与运动员等级考核标准直接挂钩，可能忽视了学生个体差异，这种"一刀切"的评价标准需要进一步考量和调整。

6.3 "双减"背景下学校体育教学改革与创新的深化路径

6.3.1 优化师资建设，推动资源共享

"双减"政策的推行不仅为体育教学带来了新的挑战，也对体育教师提出了更高的标准和要求。体育教师职业素养的提升对于实现"立德树人"的教育目标具有至关重要的意义，高度重视体育师资队伍的建设成为推进体育教学改革的关键一步。其一，在体育教师队伍改革方面，教育部门需要保障现有体育教师队伍的稳定性，参考主科教师的福利政策，完善体育教师的待遇和奖励机制。此外，通过与体育部门建立人才互通机制，聘请具有专业技能的教练员和退役运动员加入教师队伍，不仅可以提升教师队伍的专业水平，还可以为学生提供更加丰富、专业的体育教学服务。其二，在培养新时期体育教师时，应重视理论学习与实践技能的结合，侧重于专项技能的培养，通过定期开展校内教学基本功大赛等活动，激励体育教师教学能力和专业技能的双向提升。同时，加强在职体育教师的继续教育，不仅提升

其专业素养，还要强化"立德树人"、自主创新及作业设计等方面的能力，通过教师间、师生间的交流研讨，促进体育教师专业成长。其三，体育教师需要具备扎实的理论素养，能够在教学过程中有效融入思想政治教育，革新传统的教学模式，创新教学方法，实现教学内容与"立德树人"目标的有效结合。这要求体育教师不仅要掌握体育学科知识，还需深刻理解教育的本质与目的，通过多样化的教学活动和丰富的教学资源，激发学生的学习兴趣和体育热情，引导学生形成正确的价值观和人生观。其四，加强体育教师的师德师风建设和专业培训尤为重要。定期开设思想政治教育课程，保障体育教师的心理健康，强化其师德意识，是提升教师整体素质的基础。同时，通过构建层级培训体系，注重理论与实践相结合，提升体育教师的理论知识、专业技能和实践能力，促进体育教师在实践中不断学习成长，最终实现教与练的有机融合，全面提升体育教师的素质和能力。

缩小体育资源配置差距，实现资源共享，是新时期推动学校体育高质量发展的重要策略。通过教育部门的积极推动和政府的有力支持，可以有效促进城乡学校体育资源的平衡分配，满足不同地区学校开展课后体育服务的需求。其一，建立城乡学校共同体，通过送体育精品课和优质师资培训下乡等方式，推动城乡学校体育教学资源的交流与共享。这种"一拖一"帮带模式不仅可以提升乡村学校的体育教学水平，还能加强城乡学校之间的合作与交流，促进体育教学经验的相互借鉴。将帮带成果纳入年度考核范围，有助于激励学校积极参与共建共享活动，推动体育资源的有效配置。其二，开发一体化、全方位的智能化教育平台，汇聚共享优质教育教学资源。利用互联网技术的优势，打破地域限制，实现资源的有效整合与共享，为学生提供更加丰富、便捷的体育学习资源。政府应加大对体育场地建设的投资力度，尤其是在中西部地区，通过政企合作、校企合作等模式，促进体育设施的建设和优化，满足学生的体育锻炼需求。其三，合理利用地方现有体育资源，如公共体育场馆，通过规划开放时段、提供低收费或免费服务，为学校提供场地支持。这种方式不仅可以丰富学生的体育活动选择，还能促进学校和社区资源的融合，激发学生参与体育锻炼的热情。

6.3.2 完善育才机制，突破应试思维

学校体育的高质量发展需要突破唯分数、唯技能等传统的教育思维模式。构建家校社共管的教育合力，实现校内外一体化的教育途径，不仅有助于学生在体育运动中享受乐趣、增强体质、健全人格、锤炼意志，也是帮助学生突破应试教育束缚、实现全面发展的关键。完善育才机制，突破应试思维，需要家校社三方的紧密合作和共同努力，通过构建家校社育人格局、改善应试思维、建立资源共享体系等措施，可以有效推动学校体育教学的高质量发展，培养学生的全面能力，促进其健康成长。首先，构建家校社育人格局。教育部门需完善家长委员会政策体系，通过明确各部门的权责、管理和运行机制，细化到班级、年级、学校三个层面，使家校社三方能够真正共同承担起学生健康成长的重任。学校作为搭建家校育人格局的主体，应为体育教师提供学习和实践平台，提升其家校共育认知和指导能力。通过体育教师定期对家长进行体育与健康培训，强化家校共育责任，构建家校共育融合链条。其次，改善应试思维对于推动体育教育的改革具有至关重要的作用。教育部门应改革体育考核方式，从"以考定教"向"以教定考"转变，拓宽体育考核项目的范围，让学生能够选择自己擅长和感兴趣的考试项目，实现学生健康成长和应试教育的双向发展。学校需要转变家长的应试思维，通过开展体育与健康教育培训，让家长了解到"填鸭式"体育教育的危害，引导家长和学生积极参与

家庭、社区体育活动，从而逐步脱离应试教育的束缚。最后，建立学区资源共享体系，通过各学校间的审核评定、资源整合，在政策、人力、物力等保障下，形成资源互通机制，促进学生参与户外活动与体育锻炼。如北京市上地学区的做法，通过学区化办学，整合教育资源，建立设施、课程、师资等资源共享的新格局，有效推进了教育的公平和优质发展。

6.3.3 深化课程改革，坚守体教理念

当前学校体育教育面临着前所未有的机遇与挑战，尤其是在"双减"政策的影响下，如何深化体育课程改革，坚守以学生为本的教育理念，成为促进学校体育高质量发展的关键。为此，我们必须采取切实可行的措施，全面推动学校体育课程改革，确保体育教学能够真正贯通教育的全过程、全方位，满足学生的现实需要和未来发展。首先，实行多元课程改革至关重要，建立不同学段的中华传统体育项目运动能力等级标准体系，是深化体育课程改革的基础。通过定量和定性相结合的方式，为不同学段体育教学界限提供明确依据，有效突破学段衔接的难题。譬如，体育教师在设计中华传统体育项目教学内容时，应根据不同学段特点，突出教学的趣味性和中华传统文化内涵。其次，建立内容融合机制是深化体育课程改革的核心。教育部门应设立"一知二能"教学模式，将健康知识融入体育课程，提高健康教育在体育课程中的比重。在体育教学中，将健康知识和中华优秀传统文化深度融合，是关键所在。通过实施"教会、勤练、常赛"一体化教学模式，确保学生能够全面掌握中华传统体育项目的基本知识、技能和锻炼方法，进而在多元化竞赛机制中展现所学，促进学生的全面发展。最后，改革和完善教材体系，是深化体育课程改革的重要保障。依据《标准》，教育部门需要制定一体化的中华传统体育项目教材体

系，将中华传统体育项目纳入学校体育必修课并增加课时数量。同时，通过将部分中华传统体育项目纳入体育中考范围，充分发挥考试的导向作用，拉近学生与中华传统体育项目的距离。改革高校体育教育专业学生的培养方案，增加中华传统体育项目课时，重点培养学生的运动技能与教学能力，保证高校体育教育专业毕业生能够满足中小学中华传统体育项目教学的实际需求。

6.3.4 健全评价体系，完善评价机制

学校体育高质量发展离不开科学、合理的评价体系和评价机制，有效的评价能够引导学校体育实践的方向。当下，构建多维评价体系、完善评价机制成为当前教育改革中的重要任务。首先，在改善评价手段方面，教育部门需根据不同地区和学生的发育特点，制定符合实际的考试标准，并将其纳入学校的年终考核中。这不仅要求科学分析历年的学生体育学业水平考试数据，而且需要根据分析结果建立差异化的区域和城乡评价标准，通过奖惩制度激发学校和教师的教学积极性。建立体育过程性评价的直属部门，运用"互联网+"技术建立学生体育综合素质的数字化平台。同时，教师、家长和学生三方的合力评价也至关重要，三者形成了一个全方位、多维度的评价网络，可共同促进学生在学校体育活动中健康成长。其次，在优化评价方案方面，"立德树人"的教育导向应贯穿于体育教学的全过程。根据学生的身心发展特点和《标准》，纳入包括知识、能力、行为、健康在内的多维度评价指标，构建出能够全面反映学生体育素养的评价内容体系。这种体系不仅能够促进学生的全面发展，还能够帮助学生树立正确的健康观念。同时，教育部门应为优秀的体育教师提供更多的职业发展机会，并将学生的体育学业成绩纳入体育教师考核标准，从而提升体育教师的工作热情和教学质量。最后，体育学业水平考试的改革

也不容忽视。通过建立大众运动员等级考核标准，不仅能够使评价内容更加科学、合理，还能够为体育教育中的评价内容改革提供有力支持。例如，设立大众一级运动员标准，为学生提供更加明确的学习目标，从而促进学生体育素养的提升。

体育课程思政建设的路径探析

新时期，学校体育改革与创新正在不断深入推进。2024年5月，习近平总书记对学校思政课建设作出重要指示，强调："各级各类学校要自觉担起主体责任，不断开创新时代思政教育新局面，努力培养更多让党放心、爱国奉献、担当民族复兴重任的时代新人。"习近平总书记的重要指示，为深化学校体育改革、加强和改善体育课程思政建设指明了方向。体育教育，作为学生全面发展教育体系的重要组成部分，承载着培养学生健康身心、强化道德品质、塑造集体主义精神等多重功能，其在"立德树人"根本任务中占据着不可或缺的地位。随着社会发展和教育需求的变化，如何有效融合体育课程特色与思政教育要求，探索体育课程思政建设的有效路径，成为新时期体育教育领域面临的重要问题。本章在深入分析体育课程思政建设的内涵与困境的基础上，提出体育课程思政建设的发展路径，旨在为推动学校体育改革与创新，促进学生全面发展、提升教育质量提供理论支撑和实践指导。

7.1 新时期体育课程思政建设的内涵阐释

新时期，体育课程思政建设的提出不仅是一次教育理念的更新，更是对传统体育教学模式的深刻变革。它以"立德树人"为根本出发点，秉承社会主义核心价值观，通过显性与隐性教学的融合实践，强调协同育人的重要性，旨在培养学生全面发展，让学生不仅在体能、技能上得到提升，更在价值观念、思想道德上形成正确的世界观、人生观。

7.1.1 "立德树人"：课程建设的本质要求

新时期，"立德树人"不仅是教育的根本任务，也是体育教育的核心要求。100多年前，毛泽东同志在《体育之研究》一文中指出："体育之效，至于强筋骨，因而增知识，因而调感情，因而强意志。"这一思想深刻地揭示了体育教育的本质——"立德树人"。体育不单单是肢体的活动，更是心灵的洗礼，是通过肢体活动达成内心修养的过程。体育在这一过程中，既是手段也是目的本身，它通过体育实践活动，塑造个体的德行，彰显社会价值，追求公平正义。这些活动不仅仅体现了体育的内在价值，也表明了体育教育与"立德树人"的共融性。体育与德育在形式上或许不同，但在质的本质上却存在着不可分割的联系。体育通过培养学生的体育精神，如团队合作、公平竞争等，实现个体德行的提升和社会价值的实现。"立德树人"，要求我们不仅要关注学生的身体健康，更要重视通过体育活动来培养学生的道德情操、社会责任感以及集体主义精神。这要求体育教育者不仅要有扎实的专业技能，更要有引导学生进行德行修养的能力。体育课程的设计与实施，应紧密结合学生的实际需要和未来发展，创新教学模式和教学方法，将"立德树人"融入到每一个教学环节中，让体育教育成为学生全面发展的重要途径。

7.1.2 协同育人：课程建设的践行理念

协同育人是课程建设中一种理念的体现，特别是在体育课程的设计与实施过程中，它强调了教育目标、功能任务、价值引领三个维度的一致性和契合性。体育课程不仅仅是教授学生体育技能和知识，更重要的是通过体育活动的开展，实现对学生的德育教育，与思政课程紧密配合，共同致力于培养符合社会主义建设要求的合格建设者和可靠接班人。首先，教育目标的一致性和契合性要求体育课程在宏观层面与思政课程一样，应树立大局意识，把握正确的政治方向，推动学生形成对中国政治、制度、文化、价值观的认同。在微观课程教学目标上，体育教育应严守教育底线，符合时代要求，深入实施"立德树人"的教育宗旨。其次，功能任务的一致性和契合性体现在体育课程和思政课程共同的任务上，即培养合格的社会主义建设者和接班人。体育课程思政的建设应进一步挖掘本学科独特的育人价值，系统地融入思政教育中，发挥协同育人的最大合力，既要在教学大纲、课程标准的设计上体现，也要在教学实践中落地生根，发挥体育课程的德育功能，促进学生的全面发展。最后，价值引领的一致性和契合性体现在体育课程的思政建设上。体育课程传播和践行社会主义核心价值观，不仅要通过知识传授和技能教学，更要通过展示中华体育事业的辉煌成就、优秀的传统体育文化精髓和中华体育精神，作为价值引领，为实现体育强国梦提供强大的精神支持。

7.1.3 社会主义核心价值观：课程建设的价值引领

新时期，社会主义核心价值观以其强大的价值引领作用，成为构筑学生价值观体系的重要基石，尤其在体育课程思政建设中，它不仅明确了教育的方向和目标，还为学生的全面发展提供了价值导向。一方面，社会主义核心价值观在国家、社会、个人三个层面上的高度概括，为体育课程思政建设提供了丰富的内容和实践路径。体育课程不仅是传授体育知识和技能的平台，更是传播和践行社会主义核心价值观的重要阵地。在国家层面上，体育课程思政建设强调祖国至上、无私奉献的精神，激发学生的爱国情感，培养他们的国家意识和民族自豪感；在社会层面上，体育课程思政建设强调协调发展、健康第一等价值追求，助力构建和谐社会，促进社会公平正义；而在个人层面上，体育课程思政建设强调精忠报国、勇攀高峰等价值导向，塑造学生的个人品质，培养其良好的道德情操和社会责任感。另一方面，体育课程思政建设与社会主义核心价值观的高度融合，不仅优化了学生的价值观念，更有力地促进了学生身心健康的全面发展。体育活动中的团队合作、公平竞争、勇于挑战等素质，正是社会主义核心价值观在个人品德塑造方面的具体体现。通过体育课程的学习和体育活动的参与，学生能够内化这些价值观念，将其转化为自觉行动，形成正确的世界观、人生观、价值观。

7.1.4 显隐融合：课程建设的实施方法

习近平总书记在2019年3月18日学校思想政治理论课教师座谈会上发表重要讲话时指出："要坚持显性教育和隐性教育相统一，挖掘其他课程和教学方式中蕴含的思想政治教育资源，实现全员全程全方位育人。"习近平总书记的重要论述揭示了思想政治理论课教育教学的客观规律，是办好新时代思政课的基本遵循。

显隐融合的实施方法体现在多个层面。首先，从教学方法上看，体育课程通过榜样教学、情景教学、游戏与竞赛等多种方式，使学生在参与中感受、在实践中学习，实现了显性的体育技能训练与隐性的思想政治教育的有机融合。例如，通过团队项目锻炼学生的集体主义精神，通过中华传统体育项目传承中华民族的优秀文化，这些都是隐性思政教育在体育教学中的具体体现。其次，在内容传授层面，通过不同体育项目的选择和安排，教育工作者可以将社会主义核心价值观自然融入体育教学之中。比如，集体项目强调团队合作与集体荣誉，耐力类项目着力培养学生的毅力与自我挑战精神，这些都是体育教学中隐含的德育内容，通过体育活动的参与，让学生在体验成功与挑战的过程中内化这些价值观。最后，结果评价层面的显隐融合同样关键。在体育成绩的定量评价之外，更应关注学生体育精神和体育道德的培养，这要求评价方式既要具有定量的标准化指标，也要包含定性的监测化指标，如学生的团队协作、公平竞争、自我超越等非技能类素质的评估，这种评价方式更能全面反映学生的体育素养和道德修养。显隐融合的实施，是体育课程思政建设的有效途径，不仅能够提升学生的体育技能，更能在无形中塑造学生的价值观和世界观，培养社会主义事业的合格建设者和可靠接班人。这种教育方式要求教师在教学设计上下功夫，创新教育方法，丰富教学内容，完善评价机制，真正实现体育教育的目标。

7.2 体育课程思政建设的现实困境

7.2.1 体育课程与思政教育融合的失衡

当下，体育课程在实现与思政教育的深度融合过程中，存在一定的失衡现象，特别是课程目标的工具性与人文性失衡、课程内容的专业性和教育性失衡，以及体育实践中的德育性失衡。

第一，课程目标的工具性与人文性失衡。长期以来，体育教育过分注重体质的增强和技能的传授，而相对忽视了精神培养、灵魂塑造以及人格健全等方面，这种偏重导致了在育人价值的挖掘上存在明显的缺失。体育课程的人文性功能发展不足，使得在实际教学过程中，教师可能过度强调专业技能的训练，而忽略了思政教育目标的实现。这种倾向不仅影响了学生对体育活动深层次价值的理解和体验，也限制了体育教育在培养学生全人发展上的潜力。

第二，课程内容的专业性和教育性失衡。体育教学大纲中思政元素的缺乏导致育人价值的挖掘不足，这与新时期教育的多元需求存在差距，也未能充分发挥体育学科的育人潜能。体育课程内容的选择应在强化体质和技能训练的同时，深入挖掘体育内蕴的德育元素和文化价值。这要求教师不仅要传授专业知识和技能，还要引导学生理解体育活动背后的意义，如团队合作、公平竞争等价值观，及其蕴含的中华体育文化和精神。《高等学校课程思政建设指导纲要》提出结合专业特点推进课程思政建设，意味着体育课程思政建设不应是简单堆砌，而应是通过对体育项群蕴含的德育元素深入挖掘与提炼，实现知识技能与价值引领的结合，提升学生的体育文化素养，加强对中华体育文化精神的理解，促进学生全面健康发展。

第三，体育实践中的德育性失衡。这一问题主要表现在教学目标设定的泛化和不准确、教学内容的专业性与教育性脱节，以及评价方式的主观性和片面性上。首先，在教学目标方面，体育课程往往设置了宽泛而难以具体实施的德育目标，如强调培养学生健全人格、锤炼意志等宏大目标，而忽视了具体课堂实践中可操作性强的目标设定，导致德育目的难以落到实处。其次，教学内容上的失衡也是突出问题。部分教师在强调体育技能和体质训练的同时，未能充分挖掘和传递体育活动内在的文化精神和教育价值，特别是在弘扬中华体育精神和优秀传统体育文化方面的教育潜力未得到充分发挥。最后，体育课程的评价体系也存在着德育性的失衡，过于注重对学生体育技能和体质的生物性评价，而忽略了对学生人文素养和德育成效的评估，这种偏重技术和技能的评价方式不利于体育思政教育目标的实现。体育实践中的德育性失衡不仅削弱了体育课程育人功能的有效性，也影响了学生全面发展的教育目标，因此，亟须通过深化体育课程思政内容，优化教学目标和内容设置，完善综合性评价机制。

7.2.2　教师思政能力不足

教师思政能力不足是当下较为明显的问题，主要包括思政意识薄弱、思政能力不足、育人情怀不足三个方面。

第一，在当前的教育环境中，尽管体育作为学校教育的重要组成部分受到广泛重视，但仍有不少一线体育教师对于体育课程中思政教育的意义认识不足，导致思政意识薄弱。一方面，部分体育教师主要专注于体育专业知识和运动技能的传授，而对于如何在体育教学中融入德育功能和人文教育缺乏足够的认识和重视。他们往往认为思政教育与体育教学无关，或者认为思政教育应该是班主任或辅导员的责任，而非体育教师的职责。这种认识的偏差使得体育课程中德育的重要性被忽视，导致体育教学过程中忽视对学生全面人格的培养和社会责任感的塑造。另一方面，由于缺乏对"体育课程思政"的深入理解和实践探索，体育教师很难在教学中有效实现育人目标，导致体育课程的育人效果不尽如人意。这种思政意识的淡薄不仅影响了体育教育的全面性和深度，也反映出部分体育教师对当前教育理念和育人目标理解的不足，亟须通过加强教师培训和教育理念更新，提高体育教师的思政教育意识，确保体育教学与德育教育的有效结合。

第二，部分体育教师主要是来自运动员和教练员的行列，他们在体育专业技能方面具备丰富的经验和卓越的能力，然而这一背景也意味着他们可能未接受过系统的思想政治教育理论培训，这直接影响了他们在体育课程中实现德育功能的能力。一方面，部分体育教师在将思政元素融入体育教学的能力上存在明显不足。由于缺乏必要的思政理论基础，他们很难在教学设计中嵌入思政教育目标和内容，导致体育教学过程中德育元素的缺失，体育课程主要聚焦于技能训练，忽略了体育教育的人文价值和社会功能。另一方面，部分体育教师在思政教育创新方面能力不足。缺乏有效的思政教育手段使得一些体育教师在实践教学中不能将思政内容很好地融入体育教学之中，反而采用了直接宣读国家政策文件等较为刻板的方式，这不仅未能激发学生的学习兴趣，反而可能导致学生对体育课产生抵触情绪。这种教学形式上的呆板和缺乏创新，使得体育课程思政教育的效果大打折扣，难以真正实现"立德树人"的教育目标，亟须通过加强体育教师的思政教育理论和实践能力培训，提升其对体育课程德育功能的挖掘能力和创新能力，确保体育教育在培养德智体美劳全面发展的社会主义建设者和接班人事业中发挥应有的作用。

第三，在当前的体育教育实践中，部分体育教师在开展课程思政建设中表现出育人情怀不足。这种情况的背后反映了在快速发展的现代社会中，一些教师可能迷失于"为什么要教"和"为谁而教"的价值追问中，忘记了自己的初心和使命——坚持"为党育人、为国育才"。这种迷失不仅仅是认知上的偏离，更是在价值导向上的失衡。部分体育教师更多地关注技能和成绩的提高，而忽视了体育教育的人文精神和德育功能，导致体育课程思政建设的实施缺乏深度和广度。究其原因，这种态度和做法是在很大程度上受到了传统教育体制过度强调工具理性的影响，因而忽视了体育教育的价值理性，未能充分挖掘和发挥体育教育在塑造学生理想信念、培养社会主义核心价值观方面的潜能。体育教师的育人情怀不足、责任感不强、情感投入不深等问题，不仅影响了体育课程思政建设的质量和效果，也制约了学生全面发展的可能性。

7.2.3 校园体育文化育人乏力

当前，我国高校中存在的校园体育文化育人力度不足的问题不容忽视。我国高校校园体育文化育人乏力的问题主要表现在体育馆藏文化缺失、体育仪式教育重视不足及校园体育文化育人手段的单一上。其一，体育馆藏文化缺失。代表性的奖牌、奖杯、照片、锦旗等物品作为历史的见证，不仅仅是体育成就的象征，更是激励学生体育精神的重要载体。相比于欧美发达国家，我国高校中体育博物馆的建设及馆藏文化的营造仍然十分有限，馆藏文化的严重缺失已成为公认的现实，且经费不足和保护意识淡薄进一步加剧了这一问题，从而影响了校园体育文化的深度传承和育人功能的实现。其二，体育仪式教育重视不足。仪式教育作为传播体育精神和爱国情怀的重要渠道，其在校园体育文化中的价值不容小觑。然而，在实际操作中，校园体育仪式教育往往缺乏应有的重视，体育活动中庄严神圣的环节如运动员和裁判员宣誓、颁奖典礼等往往失去了应有的教育意义，反映出校园体育文化中对于仪式教育意识的淡薄和管理的缺位。其三，校园体育文化育人手段单一。尽管校园体育文化的建设在硬件上取得了一定的成就，但在文化育人环境的营造及信息技术的融合应用上仍显不足。当前校园体育文化育人手段过于依赖传统方式，缺乏创新，未能充分利用现代信息技术如 AR 实景体验、电子口袋书等工具深度融合体育精神宣传，使得体育文化的传播和影响力受到限制。

7.2.4 课程思政建设的保障机制不健全

当下，体育课程思政建设的保障机制不健全，主要表现在顶层设计和组织领导不足与缺乏科学合理的评价机制两个方面。一方面，体育课程思政建设的顶层设计和组织领导不足。体育课程思政建设需要强有力的领导和顶层设计，以确保其成为学校教育事业的重要组成部分。然而，目前大多数高校缺乏针对体育课程思政的统筹规划和专门机构的支持，导致这一教育创新举措在实践中缺乏方向和动力。体育课程思政往往被视为二级单位的附属任务，而不是学校整体教育规划的一部分，这种现象严重阻碍了体育课程思政建设的有效推进和深入实施。同时，顶层设计不足也造成了资金支持的不足，缺乏专门的资金渠道和持续的资源支持，使得教师难以进行有效的课程创新和教学实践，同时也难以调动其积极性和创造性。另一方面，缺乏科学合理的评价机制。体育课程思政的成效评价是保障制度中的关键环节，但目前尚未建立起科学合理的量化考核指标体系。当前的评价方式过于侧重于体育技能和体测成绩，而忽略了德育和思政教育的过程性评价。这种单一的评价体系难以全面反映体育课程思政的教育成效，也无法为进一步的课程改革和教学创新提供有效的反馈。

7.2.5 "互联网+体育课程思政"建设不完善

1.在线课程话语体系有待完善

体育在线课程作为"互联网+体育教育"的产物，其发展和完善对于当前高等教育体系尤为重要。特别是在"互联网+体育课程思政"建设中，如何有效利用现代信息技术，提升体育在线课程的话语体系，成为迫切需要解决的问题。当下，体育在线课程数量较少，根据调查数据，体育类在线课程在国家级精品课程中所占比例极低。这不仅反映出体育在线课程建设的滞后，也暗示着体育教育在整个高等教育数字化转型过程中的边缘化趋势。此外，体育在线课程的参与度和评价均不高，尽管有个别课程如《运动与健康》能够吸引较多学生参与，但大多数课程的参与人数较少，且在热门课程排行榜中体育类课程几乎不见踪影，究其原因，有以下三方面：一是体育在线课程内容的设计和课程话语体系建设不够完善。当前体育在线课程往往缺乏针对性和创新性，未能充分利用互联网平台的特点和资源，进行有效的思政教育融入。二是体育在线课程建设缺乏系统规划和支持机制。从课程内容开发到教学资源配置，再到教学方法创新，都需要系统的规划和持续的投入。三是体育在线课程的推广和评价体系亦需进一步完善，如何通过科学合理的评价体系，反映课程的真实效果和价值，进而提高课程的吸引力和影响力，是亟待解决的问题。

2.信息技术在课程思政建设中未受重视

在当前教育领域，"互联网+体育课程思政"提出了运用现代信息技术来强化体育课程思政教育的新理念，旨在通过在线课程模式提升体育课程的时代感和吸引力，进一步发挥其在"立德树人"中的作用。然而，这一创新的教育思路在实际操作中尚未得到广泛的重视与应用，其根本原因在于多数高等学校的体育院系管理者和一线教师对于体育在线课程与思政功能的认识存在偏差。普遍观点是将体育在线课程的出现视作解决体育知识和技能传授的便利方式，而将思政教育的任务划归为思想政治理论课的专属，这种认识的偏差直接影响了体育课程思政建设的深入推进。进一步的文献检索显示，国内关于如何利用在线课程等现代信息技术进行体育课程思政建设的研究成果寥寥无几，几乎未有学者在此方面进行深入探索与研究。这与其他学科相比形成鲜明对比，其他学科如英语、中医药等已开始利用在线课程进行课程思政的探索和实践，而体育课程领域则明显滞后。此外，尽管课程思政的提出已引起体育教学工作者的广泛关注，并在一些研讨会上成为讨论的热点，但对现代信息技术在体育课程思政建设方面如何应用的探讨却相对缺失。这一现状暴露出体育教育领域在适应信息技术发展、融合课程思政建设方面的不足，亟须通过提高管理者和教师的认识，加强相关研究和实践，探索和建立符合体育特点的课程思政建设模式。体育在线课程不应仅局限于传授运动技能和知识，更应深入挖掘其在培养学生社会主义核心价值观、弘扬中华优秀传统文化、增强国家意识等方面的潜力。这要求体育课程思政建设在内容上与时俱进，在形式上不断创新，通过现代信息技术的广泛应用，使体育课程成为"立德树人"的有效途径

3.教师信息技术应用能力亟待加强

在推进高等院校体育课程思政建设的过程中，体育教师无疑扮演

着核心角色。随着"互联网+体育课程思政"的理念逐步深入人心，体育教师在现代信息技术应用方面与课程思政意识上的加强变得尤为重要。然而，现状显示体育教师在这两方面仍存在不小的挑战和困境。一方面，体育学科的特殊性决定了体育教学活动往往需要在特定的场馆或户外区域开展，这对体育教师在课堂外的信息技术应用提出了较高要求。大多数体育专业教师来源于运动技能科班，相对于其他学科的理论课教师，无论是从学历结构还是理论文化水平上都存在一定的差异，这无疑增加了他们在运用现代信息技术进行教学设计与实施过程中的难度。在线课程模式如MOOC、SPOC等虽然大大拓宽了教学方式和手段，却也大幅提升了教师的工作量。而当前部分高校在体育教学研究、课程改革与创新的政策和机制方面缺乏足够的激励措施，导致体育教师对现代信息技术的吸纳和运用缺乏足够的积极性和主动性。另一方面，长期以来，专业课程与思政课程"两张皮"的教学现象导致了体育教师对于课程思政意识的形成和强化存在障碍。传统教学思维的根深蒂固，使得不少一线体育教师未能充分认识到体育课程教学中融入思政元素的重要性。为了将"互联网+体育课程思政"建设落到实处，体育教师不仅需要熟练掌握现代信息技术，更需要具备强大的课程思政构建、设计、实施与管理能力。他们需要善于在体育教学的各个环节中挖掘并融入思政元素，实现对学生价值观的引导和塑造，这无疑对体育教师提出了全新的挑战。

7.2.6　教学过程仍存在诸多问题

当下，学校体育思政建设中面临着一系列教学问题，这些问题不仅涉及教学理念的转变，还涉及教学内容的选择、教学方法的运用以及如何有效地利用教学素材等多个方面。这些问题能否得到系统的解决，将直接影响到体育课程思政建设的质量和效果。

1.理念切入不当致使教学目标设计生硬

在体育课程思政建设的过程中，体育教师面临着如何将教学理念恰当地融入教学目标设计的挑战。理念的正确切入与否直接影响教学目标的设定是否科学、合理与可操作，进而关系到整个教学活动的效果与质量。当前，体育课程思政建设中普遍存在的一个问题是理念切入不当，导致教学目标设计显得生硬且缺乏实际操作性。具体如下：一是体育课程思政建设的理念应深入人心，但在实践中，教师往往未能将这一理念分层处理和具体化，导致教学目标空泛，如"对学生进行价值塑造、知识传授、能力培养"等宏观目标的直接引入，缺乏针对性和实操性。这种做法虽然看似覆盖面广，但在实际操作中往往显得力不从心，难以落到实处。二是理念与实际案例的缺失。很多时候，体育教师未能为理念寻找到恰当的实践案例，使得理念落地缺乏支持，进而导致教学目标在落地环节设计上出现不实、不稳和不精准的问题。这种脱离实际的目标设计，不仅难以引起学生的共鸣，也无法有效地促进学生的全面发展。三是体育课程思政建设理念的具体分解和对应处理不足，导致教学目标设计中出现了泛化的问题，如频繁出现的"健全人格、锤炼意志""顽强拼搏，奋斗有我"等目标指向。这种设计虽然符合体育教育的普遍要求，但缺乏针对性和特色性，不利于体育课程思政建设的深入开展。

2.思政素材发掘不够致使思政资源的使用仍存短板

在体育课程思政建设中，素材的发掘和课程化处理是增强课程内涵、提升育人效果的关键因素。素材的有效发掘不仅能丰富教学资源，更能直接提升体育课程思政的教育质量和成效。然而，当前体育课程思政建设面临的一大挑战是，部分体育教师在发掘和使用思政资源方面存在明显短板，主要问题体现在素材发掘渠道单一、方法手段陈旧以及素材类别和范围有限三个方面。具体如下：一是素材发掘的渠道较为单一，体育教师在发掘思政教育素材时往往局限于常见的体育项目，如足球、篮球、排球等，而忽视了新兴体育项目和传统民间体育活动中蕴含的丰富思政元素。这种做法限制和缩小了体育课程思政资源的使用范围，使得课程思政的资源库缺乏多样性和广泛性，无法满足不同学生群体的需求。二是素材发掘的方法和手段过于陈旧，很多体育教师仍旧采用传统的方式，如摘选优秀运动员的励志事迹，通过课堂宣讲或影像展示进行思政教育。这种方法虽然简单直接，但难以与学生的实际体育学习和训练深度融合，导致思政教育效果大打折扣，难以激发学生的思政学习兴趣。三是素材发掘的类别和范围有限，主要聚焦于体育课堂教学，导致同一类资源在不同教学环节中的重复使用，不仅降低了思政资源的精准性和实效性，还造成了资源的浪费。这种情况反映了体育教师在素材发掘上缺乏深度和广度，未能充分挖掘和利用体育活动中的思政教育潜力。

3.方法选择不佳致使课程建设程序杂乱无章

当下，体育课程思政建设面临的一个显著问题是方法选择不当，导致课程建设程序杂乱无章，影响了课程思政的实际效果和学生的学习体验。这一问题主要体现在对体育课程思政建设方法特殊性的忽视、方法选用过于死板、方法改进速度缓慢等方面。具体如下：一是体育课程思政建设在方法选择时忽略了其特殊性，过度追求方法的共性，未能充分考虑体育学科的特点和学生的实际需求。例如，部分地质类和航空航天类高校在体育课程思政建设中选择与专业背景密切相关的案例素材，虽然有助于展现学科特色，但可能与体育课程教学实践脱节，难以有效激发学生对体育学科的兴趣和参与度，导致课程思政建设的个性化设计失效。二是体育课程思政建设过程中方法的选用过于死板，大量依赖传统的"说教式"和"渗透式"教学方法，缺乏创新和灵活性。这种情况下，难以形成与体育课程思政目标协同的效应，也不易调动学生的积极性和主动性，使得课程思政建设无法充分发挥其应有的育人功能。三是方法的改进速度缓慢，体育课程思政建设目标过于理想化和理论化，与学生的实际体育学习和生活经验脱节。这种脱离实际的目标设定和方法选择，难以满足对学生进行全面品格培育和精神塑造的需要，导致课程思政建设的落地和实施效果不佳。

4.内容选择与衔接失衡致使课程建设理路低效重复

在体育课程思政建设中，内容的合理选择与有效衔接是确保教学质量和效果的关键因素。合理的内容选择能够确保课程思政建设贴合学生的实际需求和学习兴趣，而有效的内容衔接则能够保证课程思政建设的逻辑性和系统性，从而提高学生的学习效率和思政教育的实效。然而，当前体育课程思政建设在内容选择与衔接方面存在明显的失衡，主要体现在内容凝练不够精准、缺少与课外体育活动内容的衔接以及内容选择与编排缺乏与体育事业标志或重要成果的有机结合三个方面，这些问题直接导致了体育课程思政建设理路低效重复，影响了思政教育的质量和效果。具体如下：一是对体育课堂教学中蕴含的思政核心元素凝练不够精准，导致体育课程思政建设内容和资源的育人价值难以充分彰显。这种情况下，体育课程思政建设理路的构建效率受到严重影响，学生难以从教学内容中获得有效的思政教育和价值引导。二是缺少与课外体育活动内容的有效衔接，仅将体育课程思政建设的重点放在课堂教学过程中，忽视了课外体育活动在学生体验中的重要作用。这种做法限制了体育课程思政建设理路的拓展，使得体育课程思政建设无法实现全方位和全过程的育人目标。三是体育课程思政建设内容的选择与编排缺乏与体育事业标志或重要成果的有机结合，如"体教融合""全民健身""北京冬奥精神"等，仅依靠教师通过说教式的教学方法进行思政教育，使得教学内容缺乏生动的案例支撑，降低了思政教育的吸引力和实效。

7.3 体育课程思政建设的路径

7.3.1 强化体育课程思政建设的保障机制

当下，体育课程思政改革的深入推进显得尤为关键，改革深入有效地持续进行，必须建立在坚实的保障机制上，涉及人力、财力、物力等多方面资源的充分保障。因此，设计和明确相关的保障机制，厘清各项保障工作的重点领域，采取系统化的思维模式来审视和推进体育课程思政改革，对于提升改革的质量和效率具有不可忽视的重要性。

1.加强组织领导，确保各项任务落实到位

体育课程思政教学改革，作为教育改革的重要组成部分，其实施与推进离不开政府与教育、体育主管部门的密切配合和强有力的领导。这一改革不仅关系到教育质量的提升，也是落实"立德树人"根本任务、培养全面发展的人才的关键环节。因此，加强组织领导，确保各项改革措施落实到位，是改革成功的重要保障。首先，各级政府和相关部门必须深化对体育课程思政改革重要性和复杂性的认识，将体育课程思政教学改革作为教育系统的一项重要工作来抓。这要求相关领导干部提高政治站位，将体育课程思政教学改革纳入重要议事日程，通过定期的培训、研讨等方式，不断提升领导和教师队伍的思政教育水平和改革意识。其次，学校层面应对体育课程思政教学改革进行顶层设计，建立专门的调研和推进小组，负责制定和实施体育课程思政改革的指导意见、总体方案和具体举措。这些方案和措施应聚焦于教育教学的热点问题，明确改革的重点领域和目标，注重改革的实效性，确保思政课程的内容和教学方法能够紧贴时代脉搏，反映社会需求。最后，学校还需对现有的体育课程质量进行全面摸排，根据改革需要制定落实措施。这些措施应包括保证体育课程的充分安排，优化教师队伍结构，探索"体育课+"教学模式（如将体育课程与思政教育、实践教学、科技创新等紧密结合）等。同时，各教学单位和职能部门应齐抓共管，从总体上规划和推进课程思政工作，确保体育课程思政教学改革与学校的总体发展规划相协调，共同推动学校教育质量的全面提升。

2.健全监管机制，强化对课程建设的整体把控

为确保改革方向的正确性与有效性，建立科学、合理、全面的监管机制成为推进体育课程思政改革的重要保障。通过建立科学完备的评价机制、优化监督反馈机制和成立专门的执行机构，可以为体育课程思政改革提供坚实的监管保障，确保改革目标的实现。具体如下：其一，建立科学完备的评价机制是监管体育课程思政改革的基础。这要求我们在评价体制上做到多元化和立体化，既要注重学生体育技能的提升，也要重视思想政治教育的实效性。评价内容应覆盖教学目标的达成度、教学内容的适宜性、教学方法的创新性以及学生的课堂表现和学习成果，力求通过定性与定量相结合的方式，全方位、多角度评估教学改革的成效，确保体育课程思政教育与时俱进、高效实施。其二，优化监督反馈机制是保障体育课程思政改革顺利进行的关键。在改革过程中，应建立健全信息反馈和问题反映渠道，加大对体育教学过程和教学成果的监控力度，确保监督管理的常态化、系统化。通过有效的监督反馈，及时发现和解决教学过程中出现的问题，促进体育教师不断改进教学方法和提升教学质量。其三，成立专门的执行机构，是实现体育课程思政改革监管机制完善的组织保证。专门的执行

机构需具备专业的人员配置，能够依托专业力量，对改革实施的各个环节进行精细管理和指导。同时，要保证执行机构人员具备高度的职业素养和责任感，能够对改革过程中出现的问题进行客观公正的评估和及时有效的干预，确保体育课程思政改革沿着既定方向稳步推进。

3.强化系统保障，保证改革方案稳步推进

体育课程思政建设作为推进教育现代化、实现学生全面发展的重要举措，其持续推进与实施需倚重全面而系统的保障措施。在体育课程思政建设过程中，多维度的保障机制成为确保改革方案顺利执行、实现预期目标的关键因素。体育课程思政改革的持续推进与高质量实施，需要依托全方位的系统保障措施。通过确保政府投入、完善政策规划体系、加强智力支持等多维度保障，构建起改革的支撑框架。具体如下：其一，确保政府投入。从教师的专业培训、教材的优化更新、多样化教学活动的组织，到改革的顶层设计和实践落地，各项举措均离不开充足的经费支持。因此，必须确保政府投入具有持续性和稳定性，以财政保障为基础，确保改革措施的实施有足够的资源支撑，从而推动改革稳步进行。其二，完善政策规划体系。通过加强改革规划与国家教育改革政策的衔接，制订符合地方特色、贴近实际、有利于长远发展的体育课程思政改革方案，可以为改革的有序推进提供科学指导。在此基础上，实施长短期相结合、重点任务与实践探索相结合的策略，既保证改革目标的实现，又不断深化改革内容，形成高效协同的改革推进机制。其三，加强智力支持。建立由体育、教育、政治、文化等多学科专家组成的综合性智库，参与改革规划设计，为改革提供科学决策和理论支持。通过定期举办沟通交流会，不仅能够拓宽改革思路，汲取多元意见，还能通过智库这一开放性平台，促进社会各界对体育课程思政改革的关注与支持，形成广泛共识。

4.加固改革基础，助力课程建设高效推进

加固体育课程思政建设的改革基础，需要我们从理念到实践，从标准建设到教师激励，从信息管理到社会参与等多个方面入手，形成全方位、多层次的改革支撑体系。具体而言，需从以下四个维度加固改革基础，确保体育课程思政建设能够顺利推进：其一，坚定改革的理念基础。这要求我们全面深化对体育教育在新时期背景下育人目标的理解，确保体育课程思政改革坚持正确的政治方向，紧密围绕"立德树人"的根本任务展开。通过明确体育课程思政改革的目标导向，形成统一的改革理念，为改革提供坚实的思想基础。其二，构建完善的标准体系。通过制定体育课程思政改革的实施规范、目标导向以及相关的标准，明确教师业务、学生体验、管理理念等各方面的标准化要求，促进体育课程思政建设的系统化、规范化发展。同时，鼓励教师、学生和社会各界共同参与到改革标准的制定中来，以实现广泛的社会共识和支持。其三，激发教师的创造活力与参与热情。通过建立科学合理的奖励机制，认可和奖励在体育课程思政建设中作出突出贡献的教师，合理调整教师的绩效考核与职称晋升机制，激励教师投身于体育课程思政的创新设计和教学实践中。其四，加强信息搜集与统计工作。通过对定点试验、成功案例和失败经验等相关信息的收集、整理和分析，形成翔实的研究报告，建立完善的信息统计体系，及时、全面、准确地反映体育课程思政教育的实际情况，为改革的调整和优化提供数据支持。

7.3.2　提升体育教师队伍课程思政素养

1.树立课程思政意识

随着学校体育改革与创新的不断深入，体育教师的角色已经从单一的技能训练者转变为德智体美劳全面发展的引导者。当下，体育教师的课程思政意识的树立显得尤为重要，不仅要求体育教师拥有扎实的专业知识和技能，还需要他们深刻理解和把握课程思政的内涵和要求，将思政教育自然融入体育教学的全过程中。一方面，通过组织系列政策宣讲活动，使体育教师深刻理解国家教育方针和体育教育的目标任务，从而在教学过程中自觉贯彻落实，把握正确的教育方向。另一方面，通过集体备课，体育教师可以共同探讨如何在体育教学中融入思政元素，分享各自的教学经验和创新做法；通过专业研讨则可以深入分析和研究体育教学中的思政教育问题，不断提升教师队伍的整体素养。此外，体育教师应当树立全面育人的观念，通过体育活动培养学生的集体主义精神、竞争意识和团队协作能力，引导学生形成正确的世界观、人生观和价值观。

2.提升课程思政能力

对体育教师而言，增强思政研究能力成为提升体育教学质量的关键所在。加强体育教师的思政能力，除了需要体育教师本身的积极参与和不断探索，同样也需要教育管理部门和学校层面的有力支持和鼓励。教育部门和学校应采取以下三方面措施，支持和鼓励体育教师在思政研究领域的深入探索：首先，建立以体育课程思政教育为核心的科研团队。通过组建专门的研究团队，聚焦体育教育与思政教育的有效融合，探索体育课程思政建设的重点、难点和前瞻性问题，构建起多层次、系统化的体育课程思政研究体系。其次，设立体育课程思政专项课题并进行奖励。通过明确奖励机制，鼓励体育教师主动申报课程思政专题研究项目，对于获得高等教育教学成果的研究给予表彰和奖励。最后，还应通过多种形式的支持措施，如提供科研经费、组织专题讲座和工作坊、建立线上交流平台等，为体育教师提供充分的学习资源和交流机会，扶持其课程思政建设能力的全面提升。

3.强化思政育人情怀

体育教师在提升教书育人本领的同时，更应注重从心怀"家国情怀"的高度提升育人情怀，这不仅是教育工作的核心要求，也是新时期体育教师肩负的重要使命。提升育人情怀，对于体育教师而言，意味着需要在教学和研究过程中，更加深入地理解和实践"大思政"的教育理念，强化育人共同体意识，更好地践行师德伦理和人才培养的双重职责。其一，体育教师应以师德伦理规范自己的教学行为，恪守教育职业的道德准则，树立正确的价值观念。通过身体力行，展现出高尚的师德风范，以实际行动影响和激励学生，培养学生的道德情操和社会责任感。在此基础上，将人才培养和课程思政建设紧密结合，不仅传授学生体育技能，更重视学生品格和人文素养的培养，为学生全面发展提供有力支持。其二，体育教师在育人过程中要能以理服人，用自己渊博的文化学识和科学的教育方法，向学生传授正确的世界观、人生观和价值观。通过理性的引导和教育，帮助学生建立正确的价值取向，形成积极向上的人生态度。其三，要能以情感人，通过教师与学生之间真挚的情感交流，增强教育的感染力和影响力，让学生在情感的熏陶下将正确的价值取向内化为自己的道德行为和精神追求。其四，要能以德育人，体育教师要注重塑造学生的道德品质和人格力量，引导学生学会尊重、学会感恩、学会责任，通过体育活动培养学生的集体荣誉感、团队精神和坚韧不拔的意志。其五，要能以文化人，体育教师要利用好体育课程蕴含的丰富文化资源，增强学生的文化自信和民族自豪感，让学生在体育活动中感受中华传统文化的深厚底蕴，促进学生的全面发展。

7.3.3 营造良好的校园体育文化环境

1.强化校园馆藏文化建设

体育博物馆作为校园文化的重要组成部分，不仅承载着丰富的体育文化遗产，更是学生进行体育文化学习和体验的重要场所，通过对体育博物馆的有效建设和管理，可以有效地促进学生对国家和民族的价值认同。加强校园馆藏文化建设，不仅能够有效保护和传承体育文化遗产，更能通过"以物育人"的方式，加强学生的德育教育，促进学生全面发展。各级教育部门和学校应高度重视体育博物馆的建设和管理，不断提高其教育功能。具体如下：第一，保护好档案文物。档案文物作为"以物育人"的实物载体，通过其真实的叙事，可以有效地传承和弘扬中华体育精神，践行社会主义核心价值观。因此，学校应加大对体育文物的保护力度，采取科学的保护措施，防止文物的损坏和遗失，确保这些珍贵的文化遗产得以完好地传承下去。第二，丰富体育博物馆的馆藏资源。学校应根据体育教育的需要，有针对性地收集和展示与体育相关的各类文物和资料，如体育竞赛的奖牌、奖杯、运动器械、著名运动员的纪念品等，同时，还可以通过举办各类体育文化展览和讲座，增加学生对体育文化的兴趣和了解，激发他们的民族自豪感和爱国情怀。第三，强化体育博物馆的教育功能，将其作为德育教育的重要平台。体育博物馆不仅是展示体育文化的场所，更是学生学习和体验体育精神的重要场所。学校应充分利用体育博物馆这一平台，将体育文化教育融入学生的日常学习生活中，通过引导学生参观体育博物馆，让他们在感受体育文化魅力的同时，也能从中学习到坚持、团结、勇敢等体育精神，促进学生德育素质的全面提高。

2.提升体育文化建设的价值引领

当前，在校园文化建设中，亟须体育文化建设的价值引领，通过多维度、系统化的教育策略，有效地促进体育文化深度融入学生的日常生活和学习过程中，实现体育文化教育的全面覆盖和深度影响。具体如下：第一，开设体育礼仪通识课程。通过将基本的体育礼仪规则、常识等内容纳入教育体系，不仅可以让学生从小学习并掌握体育活动中的基本行为规范，还可以在此基础上逐步引导学生了解和认同体育精神和体育文化的深层价值。这种由浅入深的教育模式，能够有效地帮助学生在不同的教育阶段逐步构建起对体育文化的正确认识和深刻理解。第二，营造良好的育人氛围。通过在校园内建设完善的运动设施和丰富的体育文化符号，不仅能够为学生提供丰富多样的体育活动空间，更能在无形中对学生进行价值观的引导和塑造。将中华传统体育项目的文化内涵通过文化宣传栏、体育艺术长廊等形式直观地展现给学生，能够激发学生对传统体育文化的兴趣和热爱，从而加深学生对传统文化的认同感和自豪感。第三，整合资源，发挥体育名人和优秀运动员在价值引领中的示范作用。通过组织体育名人励志故事宣讲、体育成就展览等活动，可以让学生近距离感受到体育精神的力量和魅力，激发学生追求卓越、勇于挑战的精神状态，进一步增强学生对体育文化的认同感和归属感

3.推动体育文化与信息技术的融合

新时期，互联网和信息技术的迅猛发展为体育文化的传播和体育课程思政建设提供了新的路径和方式。将体育文化与信息技术深度融合，不仅能够拓宽体育课程思政的传播平台，还能有效提升体育文化育人的效果和影响力。推动体育文化与信息技术的融合，需要从加强平台建设、创新育人内容和形式、提升教师能力等多方面入手。具体如下：第一，利用新媒体和网络平台传播体育文化。通过在快手、抖音、Bilibili 等平台上发布体育文化内容，如体育比赛精彩瞬间、体育健儿的励志故事、体育课程思政教学案例等，能够迅速吸引广大青少年的关注和兴趣，有效提升体育文化的传播效率和覆盖范围。同时，利用SPOC、MOOC、云课堂等新型教学模式，可以让体育教育资源得到更广泛的分享和应用，满足不同学生的学习需求，促进体育文化知识的普及和体育技能的提升。第二，创新体育文化育人的内容和形

式。开发和推广体育精神宣传网站，集中展示体育文化的历史、精神、成就等内容，可以为学生提供丰富的学习资源和研究对象。同时，利用图片展览、AR实景体验等信息技术，将传统的体育文化展示与现代科技相结合，不仅能够提供更加直观生动的学习体验，还能激发学生对体育文化的兴趣和探索欲望，增强体育文化育人的互动性和体验性。第三，加强体育教师在信息技术应用方面的培训和指导。通过定期组织培训和研讨，提高体育教师利用信息技术进行教学设计和资源开发的能力，鼓励教师在体育课程思政教学中创新应用新媒体和网络平台，有效利用信息技术手段提升教学质量和学生学习效果。

7.3.4 加大对思政资源的挖掘与共享

1.推动思政的内生素材向优质案例转化

在体育课程思政建设中，推动思政内生素材向优质案例转换，不仅要从功能性、体系完整性、视角丰富性、程式科学性以及督评合理性等多维度进行系统性的思考和转化，而且需要深入挖掘和整合体育教育过程中产生的丰富资源和素材，将其与体育课程思政建设的核心要求紧密结合。通过对功能、体系、视角、程式、督评五个方面进行系统转化，既能够充分发挥内生素材在提升体育课程思政教学质量和效果中的积极作用，又能有效推进体育课程思政建设的深度和广度，形成一条连接内生素材与优质案例的高效路径。

1）功能转化

体育课程思政内生素材的功能转化是一个复杂而系统的过程，要求教师在教学实践中不断探索和实践，将个人的教学经验和理解，通过科学的方法和手段，转化为促进学生全面发展的教学资源。这一过程不仅要求教师深度挖掘和精准把握素材的教育价值，还要对这些原始素材进行改造和调适，使之能够满足优质案例设计的需求。不同的体育专项教师，因其运动经历、专项特点、知识储备等方面的差异，会产生各具特色的课程思政素材。例如，篮球专项教师可能会强调团队协作和集体攻坚的精神，而武术专项教师则可能更多地关注爱国情怀、坚韧不拔等品质。这种差异性要求教师在素材的整理和使用上，不仅要注重个性化和专业性，还要考虑如何将这些素材与体育课程思政建设的目标相结合。每一片段的教学素材，无论是教学现场的即兴互动，还是深思熟虑后的课程设计，都需要教师根据教学目标进行精心筛选和改造。在转化过程中，教师需要通过专业的教学设计，将这些素材与课程思政的核心要求相融合，实现从原始素材到教学资源的转变，再到最终形成具有思政教育意义的优质案例。

2）体系转化

体育课程思政内生素材转化为优质案例的体系化，关键在于如何科学合理地改造和构建素材，以满足教学目标和内容的需求。在此过程中，需要对内生素材进行系统性的分析和组织，确保素材的选择既能反映出体育课程的教学目标，又能紧扣教学主题，同时与教学内容契合，从而保障优质案例的组织和构建井然有序、合理高效。具体来说，体育教师需要根据不同体育课程的特点和教学需求，从纷繁芜杂的内生素材中精心挑选能够有效支撑教学目标实现的素材。例如，对于篮球课程，教师可能会挑选反映团队协作精神的素材；而对于武术课程，则可能选择展示武德文化的素材。这一过程不仅需要教师具有深厚的专业知识和丰富的教学经验，还需要他们具备较强的素材筛选和改造能力。同时，为了减少内生素材的低效重复利用，促进体育课程思政教学资源的高效配置，教师还需要对体育课程中的所有优质案例进行系统化的整合和规划。这要求教师不仅在素材选择上做到精准定位，还需要在素材应用上实现科学合理的配置和调度，确保每一份素材都能在教学中发挥其最大的教育价值。

3）视角转化

面对体育教育领域日益增长的思政教学需求，教师在挑选和使用内生素材时，需要深入分析和判断不同素材背后的价值取向和构造形式，对内生素材视角的精准把握与有效转换可以确保素材的选取能够直接支撑课程思政建设的具体需求。在体育课程思政优质案例的设计与扩充过程中，需要教师坚持"以需求为导向、以优质为标准"的原则，实现从内生素材到优质案例的有效转化。以"体育文化自信"为例，素材的选取和定位从个人视角切入时，应注重如何通过体育活动或人物故事激发学生对体育文化的自豪感和认同感；而从学科视角切入，则应更侧重于展现体育学科自身的发展历程和成就，强调体育文化对于国家和民族精神的贡献。这种视角的转换不仅能够丰富思政教学的内容和形式，也能够提升教学的针对性和有效性。在案例扩充环节，突出视角转化的作用至关重要。教师需要通过全面的素材分析，剔除那些"杂乱无序、生搬硬套"的填充素材，精心挑选那些能够紧密结合教学目标和内容需求的优质素材。例如，在篮球教学中，双人挡拆、三角进攻等技战术不仅仅是技术动作的展示，更是合作、信任、策略等思政价值的体现。教师需要基于教学目标和课程内容的要求，对这些内生素材进行精准定位和改造，使其转变为能够为课程思政建设直接提供支持的思政素材。

4）程式转化

体育教师在实际教学中所积累的经验和素材，虽然具有直接性和实用性，但由于带有个人认识水平和实践经历的特点，这些内生素材往往呈现出经验性、零散性和概括性等特征。这些特征虽然贴近实际教学，但直接用于优质案例设计时，却可能因不符合教学需求而减弱其效果。因此，如何合理转化内生素材的程式，调整其使用方式，以适应优质案例的具体要求，成为体育课程思政建设中的一个重要任务。体育教师在设计优质教学案例时，应以教学目标为导向，基于教学内容的具体需求，对内生素材进行精准选择和深度加工。例如，在乒乓球与篮球专项训练中，尽管"拼搏、耐心、坚持"的精神是共同的教学目标，但由于两种运动的特点不同，教学内容的组织、方法的选择、情境的创设等方面都有所差异，因此需要对素材进行针对性的调整和转化，以满足各自的教学需求。同时，体育教师还需要关注内生素材在教学过程中的使用方式，确保其与教学情境的无缝对接。这不仅要求教师深入理解素材背后的教育价值，还需要他们具备创新意识，通过多样化的教学手段和方法，让内生素材在教学中发挥出最大的效果。例如，将传统的讲授法与现代的互动式、体验式教学方法相结合，使学生在参与中体验，在体验中学习，从而深化学生对素材背后思政价值的理解和认同。此外，体育教师应当在内生素材的选取和使用上，进行科学的规划和设计，从而实现从素材到教学案例的有机转化。通过合理的素材程式转化，不仅能够确保教学案例的质量和效果，也能促进体育课程思政教学的整体优化与提升。

5）督评转化

体育教师在选用内生素材进行优质思政案例设计时，不仅要确保其与教学目标、教学内容紧密结合，还需要通过科学的督评转化机制，确保案例的有效性和实践性。体育课程思政内生素材的形成，既是体育教师在教学实践中的经验积累，也是其个人教学观念、价值观念的体现。不同教师背景下形成的内生素材具有多样化的特点，要求在优质思政案例设计中进行精细化的评测与筛选。实现内生素材的有效督评转化，需要建立一套科学、系统的评测机制：首先，要明确评测标准和要求，根据体育课程思政的具体教学目标，设立评测维度，如知识理解、技能掌握、价值认同等，确保评测全面、客观；其次，要采取多元化评测手段，结合定性分析与定量分析，既注重过程评价也重视结果评价，全方位掌握素材的教学效果；最后，要建立动态的反馈机制，根据评测结果及时调整教学策略和内容，优化素材的应用。

2.构建体育课程思政资源共建共享的区域协作机制

构建有效的区域性协作机制不仅要涵盖体育课程思政建设的全过程，更要确保从目标设定到内容开发、从方法应用到过程管理、再到质量评估等各个环节的紧密衔接和高效运作，进而形成一个整体的育人合力。通过构建体育课程思政资源共建共享的区域协作机制可以实现高校间体育课程思政资源的有效整合与优化利用，促进教育教学质量的整体提升，为学生提供更加丰富、多元和高质量的体育学习资源，共同推进"立德树人"的根本任务。

1）推进区域协同

在同一区域内，高校之间天然具有的熟悉度和联系性为形成共识、共建共享提供了便利条件。区域内各高校在体育教学和研究领域各具特色，如深厚的体育文化积淀、优秀运动员培养传统、"立德树人"工作的开展、育人元素的挖掘等，这些优势资源的共享，有助于整合和优化体育课程思政建设资源，推动协同育人目标的实现。通过建立"共同开发、共同优化、共同设计、共同整合、共同使用"的共建共享目标体系，各高校能够在共识的基础上，发掘和整合各自的优质资源和典型案例，实现资源互补，促进区域内体育课程思政资源的高效利用和优化配置。此外，协同推进还能有效平衡区域内高校体育课程思政资源共建共享的进度，激发高校之间的协同合作意愿和行为，形成积极向上的共建共享氛围。在区域协同推进的过程中，不仅要关注资源的共建共享，还要注重目标的统一和行动的协调。制订明确的时间表和路线图，确保共建共享行动高效有序地推进，使每一所高校都能根据自身特点和优势，参与到区域性体育课程思政建设中，共同推动课程思政资源的创新发展。同时，建立有效的沟通协调机制，保证各高校在资源共建共享过程中的信息透明、需求对接和问题解决，确保区域内体育课程思政建设的协同效应得到充分发挥。

2）强化区域互补

在当前体育课程思政建设中，区域互补战略的实施显得尤为关键。通过强化区域内高校之间的互补协作，不仅能有效激发各校体育课程思政资源的潜力，还能促进区域体育教育整体水平的提升。区域互补的核心在于扬长避短，每所高校在体育课程思政资源的共建共享中发挥其独特优势，同时弥补自身的短板。这一过程需要各校在相互了解和信任的基础上，建立有效的沟通与协调机制，确保资源共享的透明性和公平性。通过共同研究和开发体育课程思政资源，高校之间可以实现资源的优化配置，从而使得区域内体育教育资源更加丰富、多元化。此外，推动区域互补也需要创新共建共享的方式与方法。在信息技术快速发展的今天，利用网络平台进行资源共享已成为新的趋势。这不仅能够突破传统的时间和空间限制，还能实现资源的即时更新与动态管理。例如，利用云技术和大数据分析，可以构建一个区域性的体育课程思政资源数据库，实现资源的即时共享和智能推荐，为体育教学提供更为精准的支持。

3）重视区域合力

通过区域合力，可以打破传统的校际合作模式，形成更为广泛、深入的体育课程思政资源共享网络，使得优质资源能够得到更广泛的传播和应用。教育信息化的快速推进，为区域性协作提供了新的机遇和平台。利用信息化技术构建的体育课程思政资源共建共享平台，不仅能够实现资源的数字化、网络化，还能提供更为灵活、便捷的资源共享和应用方式。这种平台可以集成并展示各高校体育课程思政资源的精华部分，如励志偶像故事、体育知识与文化、团队精神、爱国情怀等，使其能够为更多的学生所共享和学习。同时，区域合力的构建也需要充分发挥区域内各高校、体育公园、训练基地、体育场馆等资源的作用，形成一个覆盖广泛、资源丰富、形式多样的体育课程思政资源共享体系。通过这种方式，可以将区域内的优质体育资源汇聚起来，为体育课程思政建设提供更为丰富、立体的教学内容和实践平台。例如，在北京冬奥会这样的重大体育赛事中，通过区域合力，高校之间可以共同举办系列冬奥会主题教育活动，利用冬奥会的各种资源和机遇，为学生提供更为直观、丰富的学习材料和体验机会。这种活动不仅能够增进学生对奥林匹克运动和精神的理解，还能够激发学生的爱国情怀和团队合作精神，促进其全面发展。

4）促进区域创新

区域创新在推进体育课程思政资源共建共享的过程中起到了极其关键的作用，它不仅能为体育课程思政资源的利用注入新的活力，还能有效地避免资源利用过程中出现的僵化问题。为了确保体育课程思政资源的动态利用和创新应用，区域内的高校需要在共建共享的过程中，汇集并发挥各自的资源优势，形成互补和互动，进而推动体育课程思政资源的创新开发和有效应用。一方面，高校之间应通过建立共识，促进体育课程思政资源的灵活利用和创新。例如，在体育社会学的课堂教学中，可引入生动实际的社会案例，而不是生硬地嵌入思政内容，通过情境模拟、角色扮演等方法，让学生在讨论和实践中自然而然地感悟体育文化和思政理念。这种方法不仅能避免硬性嵌入导致的僵化问题，还能激发学生的学习兴趣和参与热情，提高体育课程思政教学的效果。另一方面，区域创新还应聚焦于高校之间在体育课程思政资源共建共享过程中的资源特征汇集。不同的高校在资源的特点和优势上各有千秋，通过区域内的资源整合和共享，可以使理论和术科课程更加丰富和完善。例如，理论课程可以依据体育理论知识的特点，结合当前体育热点话题和社会事件，设计出符合时代需求的课程内容；而术科课程则可以根据具体的体育项目特色，开发出有助于培养学生专业技能和团队精神的教学活动。

5）开展区域互鉴

我国幅员辽阔，不同区域之间在体育教育资源的丰富程度、使用方法及成效上存在明显差异，这些差异虽带来了区域教育的多样性，但也暴露了资源分配的不均衡问题。通过区域互鉴，能够促进各地优质体育课程思政资源的交流和共享，实现教育资源的优化配置和高效利用。区域互鉴的实施，需要高校之间建立更为开放和协作的交流机制。通过举办区域性交流会议、研讨活动、工作坊等形式，高校可以分享各自在体育课程思政资源建设方面的创新实践和成功经验，互相学习借鉴对方的先进做法。例如，东部地区的高校可以分享如何将冠军事迹和现代体育精神融入课程教学中的方法，而西部地区的高校则可以介绍如何挖掘中华传统体育文化资源，丰富体育课程的文化内涵。区域互鉴还应注重资源的实际应用与效果反馈。高校可以根据自身实际情况，有选择性地借鉴其他地区的资源和方法，结合本地区的特色和需求，创新体育课程思政建设的途径和模式。在这一过程中，高校还应加强对体育课程思政建设效果的评估和反馈，及时总结经验教训，调整和优化共建共享的策略和措施。

8

新时期学校体育改革与创新的热点议题

8.1　新时期我国学校体育教育评价研究

随着我国迈入全面建设社会主义现代化国家的新征程，我国进一步深化文化强国、教育强国、人才强国、体育强国、健康中国等战略，体现了党和政府对全民健康和全面发展的高度重视。以习近平同志为核心的党中央对青少年体质健康和学校体育教育工作给予了前所未有的重视，明确强调"要坚持健康第一的教育理念，加强学校体育工作，推动青少年文化学习和体育锻炼协调发展"，为学校体育教育改革与创新指明了方向。2020年10月，《深化新时代教育评价改革总体方案》（以下简称《总体方案》）的发布，标志着我国学校体育教育评价体系将迎来深刻变革。新时期，在学校体育教育体系建设中要充分发挥教育评价工作的指挥棒作用，推动学校体育教育的高质量发展。本节通过厘清学校体育教育评价的理论遵循，剖析学校体育评价的实然问题以及改革的动因，进而提出学校体育教育评价改革与创新策略。

8.1.1　新时期学校体育教育评价的理论遵循

自党的十八大以来，我国学校体育教育评价体系经历了深刻变革，不仅展现了教育评价理论的日趋成熟，也凸显了实践中的诸多挑战与需求。在这一过程中，对于学校体育教育评价理论的深度探讨和理论遵循的廓清，显得尤为关键。具体而言，学校体育教育评价到底应依循价值理性还是工具理性，这两种理性的选择与平衡，直接关系到评价体系的价值定位和功能实现。同时，也需厘清学校体育教育评价的理论逻辑、政策逻辑与实践逻辑的核心内容，明晰其逻辑关系。

这对于建设科学合理、符合新时期教育发展需求的学校体育教育评价体系而言，具有重要的指导意义和实践价值。

1.学校体育教育评价的理性范式

马克斯·韦伯关于理性的分类，即将理性分为价值理性和工具理性为学校体育教育评价的理性范式之争提供了一个深刻的分析维度。随着教育评价体系不断深化与完善，这场关于应当采用哪一种理性范式的讨论变得愈发激烈。一方面，价值理性强调的是评价活动本身的价值意义，这种观点认为学校体育教育评价应深入探讨体育活动对学生个人成长与价值塑造的深远意义；另一方面，工具理性关注的是实现教育目标的有效手段，强调通过技术分析与结果导向来优化教育评价的实践策略。两种范式在现代学校体育教育评价中的应用与辩证，不仅体现了教育评价理论的复杂性，也反映了教育实践中的多元需求。因此，在新时期我国学校体育教育评价改革与创新的进程中，如何在价值理性与工具理性之间寻求有效的平衡与整合，成为推动学校体育教育评价向更高质量发展的关键。

1）价值理性范式

评价，作为一种深刻的认识活动，不仅仅是对教育成果的简单量化，更是对教育过程中价值实现的深层次审视。学校体育教育评价的本质，应当是基于价值理性的全面判断，旨在揭示体育教育在促进学生全面发展方面的深远意义。然而，当前学校体育教育评价在实践中却常常流于形式，忽略了评价活动本身应有的价值指向。价值理性与工具理性的辨析，提供了对于学校体育教育评价深层次改革的理论指导。价值理性强调的是评价行为本身的价值意义和道德指向，关注教育活动如何满足学生的个性化发展需求，如何促进其成为有道德、有责任感的社会人。工具理性则侧重于评价结果的有效性和效率性，关注如何通过评价激励学生达到教育的具体目标。故而，学校体育教育评价的理性范式需要进行深刻的转换。第一，评价不应仅仅停留在对学生体能和技能的考核上，更应深入到体育教育的人文价值中去。体育教育作为"立德树人"的重要途径，其教育评价应当体现出教育的全人目标，关注学生身心健康的全面发展，重视学生个性化需求和自我实现的过程。第二，学校体育教育评价应当强调价值理性和工具理性的有机结合。这不仅要求评价能够准确反映学生在体育学习过程中的实际表现，更要求评价能够成为促进学生全面成长的有效工具。评价过程中，应充分考虑评价方法的科学性和合理性，确保评价既有助于揭示学生的体育学习成果，又能够促进学生对体育文化的认同和体育精神的内化。第三，学校体育教育评价应当是一个开放、动态、互动的过程。在评价实践中，不仅要关注学生的学习成果，更要注重评价教学过程中教师与学生、学生与学生之间的互动和沟通。

2）工具理性范式

随着社会的不断进步和科技的快速发展，学校体育教育评价的工具理性范式日益凸显，成为评价体系中的重要部分。这种范式强调评价的科学性、客观性和技术性，通过采用先进的技术方法和分析工具，力求使评价结果更加科学化、精确化。然而，在追求评价的科学性和客观性的同时，我们也应当警惕单纯强调工具理性可能带来的局限性和偏差，应确保评价不仅仅是一种技术行为，更是一种价值判断。工具理性范式在学校体育教育评价中尤其是在体育中高考中的应用，提高了体育课程的重视程度，增强了体育教育的选拔性功能。这种评价方式侧重于测评学生的体育技能和体能，强调可测量性和可比较性，通过技术手段实现对学生体育学习成果的科学评价。然而，这种偏重于工具理性的评价方式存在一定的局限性，它忽视了体育教育的人文价值，如体育精神、体育品德等。这些要素是难以通过简单的技术手段进行评价的。

为了克服单纯强调工具理性所带来的局限性，需要将工具理性与价值理性相结合，构建一个更为全面的学校体育教育评价体系。这意味着在进行技术评价的同时，还需重视评价活动本身所蕴含的价值判断，关注体育教育对于学生全人发展的促进作用。这种评价范式的转变，要求我们在设计评价工具和方法时，不仅要追求科学性和精确性，也要注重人的发展和教育的本质目标。学校体育教育评价的理性范式转变，应当基于对人的全面发展的深刻理解，强调评价的人文关怀，重视培养学生的体育精神和道德品质。这要求我们在评价体系的设计中，既要考虑如何科学地测量和评价学生的体育技能和体能，也要探讨如何评价和激励学生的体育精神和道德发展。这种评价体系的构建，不仅能够更全面地反映学校体育教育的实际效果，也能够更好地指导和推动学校体育教育的改革与发展。

　　2.学校体育教育评价的逻辑阐释

　　作为评价体系的重要组成部分，学校体育教育评价不仅需要适应时代的发展，还需顺应教育实践的深刻变革。要实现这一目标，必须对学校体育教育评价进行深入的逻辑阐释，明确其在新时期教育体系中的定位和作用。从理论、政策、实践的三重逻辑视角出发，我们可以更好地理解和把握学校体育教育评价的本质特征和发展方向。

　　1）理论逻辑

　　新时期，要对学校体育教育评价进行深刻理解和合理定位，就需要我们深入探讨其内在要素及要素之间的必然联系，确立评价的真正目的——促进学生的全面发展和身心健康。具体而言，首先，新时期学校体育教育评价要求我们认清评价的根本任务是"立德树人"。马克思关于人的全面发展理论指出，教育的最终目的在于培养全面发展的人。习近平总书记进一步强调了教育的根本任务是"立德树人"，这为学校体育教育评价指明了方向。体育教育的目的不仅仅是学生体质健康的提升，更重要的是通过体育活动培养学生的社会主义核心价值观，塑造良好的人格品质。其次，学校体育教育评价应坚持"健康第一"的教育理念。2018年召开的全国教育大会上，习近平总书记强调："要树立健康第一的教育理念，开齐开足体育课，帮助学生在体育锻炼中享受乐趣、增强体质、健全人格、锤炼意志。"这不仅是对学校体育教育目标的明确要求，也是对学校体育教育评价内容和方式的战略指导。评价体系应从学生的健康出发，全面考量学生的体能水平、运动技能、身心健康及社会适应能力等多维度指标，促进学生健康和谐发展。再次，学校体育教育评价需要关注学生的个性化发展和差异化需求。在人的全面发展理论指导下，评价不应一刀切，而应考虑到学生的个体差异，为每一位学生提供个性化的评价和指导。通过对学生全面、细致的评价，激发学生的体育兴趣和潜能，促进其主动参与体育活动，享受体育带来的快乐。最后，学校体育教育评价应是动态的、过程性的。评价不仅应关注结果，更应重视过程和努力。通过对学生体育学习过程的持续跟踪和反馈，引导学生树立正确的体育观念，养成终身运动的习惯，实现自我教育、自我管理和自我服务能力的提升。

2）政策逻辑

政策逻辑主要体现在以下四个方面：首先，学校体育教育评价必须契合国家教育发展的总体战略。正如《意见》《总体方案》等文件所反映出来的，国家层面对学校体育教育评价的改革设定了明确的目标和要求。这些政策文件不仅是教育部门和体育部门政策制定的基础，也是学校体育教育评价改革的指导方针。其次，学校体育教育评价的合理性和合法性。通过严格的政策生成程序和权威部门的正式发布，确保了学校体育教育评价政策的合理性和合法性。这不仅符合法律法规的要求，也符合教育发展的规律和学校体育教育的实际情况。通过合理合法的政策逻辑，可以有效保障学校体育教育评价改革的科学性和正当性，确保评价活动既符合国家政策又能真正服务于学生的健康成长和全面发展。再次，通过具体的政策措施引导学校体育教育评价的实际改革。如《意见》中提出的加强学校体育工作、树立健康第一的教育理念、开齐开足体育课等，都是针对学校体育教育评价中存在的问题提出的具体改革措施。这些政策措施不仅是政策逻辑的具体体现，也是推动学校体育教育评价改革实践的重要手段。最后，学校体育教育评价的改革要有序推进，符合实践逻辑和理论逻辑的要求。通过建立和完善学校体育评价机制，提出系统具体的改革建议，实现评价活动的科学化、合理化和规范化，确保评价改革既符合政策要求，又能有效促进学生的全面发展和体育教育质量的提升。

3）实践逻辑

学校体育教育评价的实践逻辑是将理论和政策有效转化为实践行动的桥梁，它要求我们将评价融入到学校体育教育的全过程中，以评价促进教育教学的改进，以实践推动评价体系的完善，最终实现学校体育教育评价的目标。实践逻辑关注的是如何将评价理论和政策逻辑转化为具体的教育实践。首先，学校体育教育评价应与学校体育教育的实际情况紧密结合。这意味着评价不应仅停留在理论探讨和政策要求的层面，而应深入到学校体育教育的具体实践中去，充分考虑到学生的实际体质健康水平、运动技能掌握程度、体育课堂教学的质量和效果等多个方面。通过实践中的应用和反馈，不断优化评价标准和方法，使之更加科学合理、贴近学生的实际需要。其次，学校体育教育评价应强调对评价结果的应用与反馈。评价结果应作为学校体育教育改进和优化的重要依据，依此对教学内容、方法、手段等进行调整和优化。通过对评价结果的深入分析，发现教学过程中存在的问题和不足，以及学生体质健康提升的潜力和空间，从而更有针对性地制定教育教学改革措施，推动学校体育教育质量的整体提升。再次，应加强对评价过程的监督和管理。通过建立健全的评价监督机制，确保评价的公正性、客观性和科学性；同时，需要对评价实施过程中的各个环节进行有效监管，确保评价活动规范有序进行，评价结果真实可靠，避免评价过程中任何形式的不公平和偏见，确保每位学生的合法权益得到充分保护。最后，应推广和普及评价成果的应用。通过组织研讨会、培训等形式，将优秀的评价实践和经验分享给更多的教育工作者和学校，形成良好的评价文化，促进整个社会对学校体育教育评价重要性的认识，共同推动学校体育教育的持续改进和发展。

8.1.2 学校体育教育评价的现实困境

1.评价目标导向偏差，评价系统动力不足，忽视学生禀赋差异

当下，评价目标导向的偏差、评价系统动力不足以及对禀赋差异的忽视，成为阻碍学生核心素养提升的主要因素，不仅影响了学校体育教育评价的有效性，也制约了学校体育教育的发展，成为亟待解决的关键问题。具体如下：第一，评价价值目标的模糊，导致难以促成学生核心素养的形成。学校体育教育评价过分强调运动成绩的功效性，而忽略了"以人为本"的教育性。这种偏重成绩与技能的评价取向，导致了学校体育教育评价价值取向的扭曲，忽视了学生体质健康素养、体育品德的培养，最终导致学生对校内外体育活动的积极性下降，学生体质健康水平普遍下滑，体育品德失范。第二，评价体系的分散性，难以形成评价系统动力。理想的学校体育教育评价体系应当以学生的发展为本，形成一个综合、多维、多样、多元的评价体系。然而，在实际操作中，由于评价体系的分散和缺乏系统性，导致评价工作难以精准捕捉并响应学生核心素养的培养需求，使得评价效果难以发挥应有的促进作用。第三，忽视学生禀赋差异的评价方式，难以达成教育预期目标。在学校体育教育中，采取统一标准和"一刀切"

的教学方法忽略了学生个体差异，导致无法充分激发每位学生的潜力和兴趣，进而影响学生对体育活动的热情和参与度，难以实现教育的个性化和人文价值。

2.评价过程系统性不足，评价协调机制不完善

学校体育教育评价面临的系统性不足和协调机制不完善问题，日益凸显出其在推动学生健康发展和体育教育质量提升方面的局限性，不仅影响了学校体育教育评价的科学性和有效性，也阻碍了学校体育教育改革的深入实施。具体如下：第一，评价系统意识的不足和监督机制的不完善，直接导致了学校体育教育评价活动的非系统性执行。这种状况不仅使得学校体育教育难以严格执行最新的体育与健康课程标准，也使得体育教学活动失去了应有的指向性和目标性。同时，缺乏有效的评价监督机制，导致学校体育督导评估工作的力度和深度不足，无法全面地反映和解决学校体育教育中存在的问题。第二，评价对主体利益的偏离和社会认同度不高，反映了当前学校体育教育评价存在的执行偏差。评价主体如体育教师、在校学生的认同度不足，说明评价内容与评价方式与他们的实际需求和期望存在较大差异，这一差异导致学校体育教育评价效果的弱化，无法有效地激发学生和教师的积极性，也难以获得社会的广泛支持和认可。第三，评价执行标准的缺乏和整体效能的弱化，凸显了学校体育教育评价在标准设定和实施过程中存在的明显缺陷。缺乏明确的执行标准和评价指标，使得评价工作缺乏科学性和规范性，评价结果的准确性和公正性难以得到保证。同时，评价机构在实施评价时过多考虑自身部门利益，忽视了学校体育教育评价的根本目的，导致评价效能的削弱和行为的偏差。

3.评价模式乏善可陈，评价方式结构偏差

评价模式的单一性和评价方式的结构性偏差，成为制约学校体育教育质量提升的重要因素。《〈体育与健康〉教学改革指导纲要（试

行）》的颁布，虽然为学校体育教育评价提出了新的要求和指引，但现实中许多学校仍旧沿用传统的结果评价模式，忽视了对学生个体发展、过程参与和教学效果增值的综合性评价，这直接影响了学校体育教育评价体系的科学性和合理性。具体如下：第一，片面侧重终结性评价，不仅导致了学校体育教育评价结构的失衡，也使得评价过程失去了对教育目标实现程度的实时反馈和调整机会。这种评价方式，倾向于追求表面的、可量化的成绩指标，而忽略了学生体育素养的全面发展和个性化需求。第二，盲目追求量化评价虽然提高了评价的客观性和科学性，但同时也忽视了体育教育的社会性特征和育人目的。这种偏向技术性的评价方式，虽易于操作和比较，但却难以准确反映学生体育活动的实质参与度、情感态度以及社会互动等非量化因素。第三，强调监督式评价的做法，虽然有利于加强对学校体育教育工作的管理和监控，但却忽略了从学生、教师等评价对象角度出发的反馈式评价。这种"自上而下"的评价模式，容易导致评价的形式化和工具化，削弱了评价的教育性和发展性，不利于促进教师教学方法的创新和学生体育兴趣的培养。

4.评价基础薄弱，执行保障不足

评价的配套条件不完善和整体资源的缺乏，限制了学校体育教育评价的有效性和可操作性。虽然教育评价旨在通过合理的政策和规则体系进行，确保有法可依、有章可循，但在实际执行过程中，资源保障不足、制度落实不到位、监管力度不够等问题依然存在。首先，评价的配套条件不完善及资源保障的不足表现在多个方面。政策法规制度的执行效果受到课程开展程度、青少年学生受益情况等因素的影响。同时，学校体育与健康课程的开展程度在很大程度上依赖于体育教师配备、基础设施布局、教育评价制度条例、课程教学计划制订等配套基础条件的完善。这导致了学校体育教育评价在执行过程中遇到诸多障碍，影响了学校体育与健康课程的实施效果及教育评价的效率。其次，评价的支撑政策落实不到位和课外体育保障的空缺也是突出问题。尽管学校体育工作在管理评价方面取得了进步，但课外体育活动效果欠佳。"双减"政策的实施为课后体育服务开展提供了条件，但由于种种限制，难以充分发挥课后体育服务的潜力，影响了学生的体育参与度和体质健康水平。最后，评价的智慧化思维不成熟和信息技术保障的匮乏，成为制约学校体育教育评价进步的另一个重要因素。新技术的引入，尤其是信息技术的应用，能够有效提高教育评价的效率和精准度，但当前智能监测设备的缺乏和高科技设备的使用不足，限制了学校体育教育评价模式的创新和发展。

8.1.3 学校体育教育评价改革的动因探析

1. 以体育人：体育教育评价改革的内在要求

学校体育教育评价改革的内在要求，即以体育人，是对教育评价实践的深层次挖掘和高度概括，不仅强调了学生人文素养的培养和道德品质的塑造，还体现了对学生全面发展的深刻关怀。"以体育人"的教育评价，强调的是一种全面育人的理念，即在"育体"的同时，也要注重"育美"与"育德"，使学生在体育活动中不仅获得身体的锻炼，更能在美育和德育上得到提升。这要求学校体育教育评价不仅关注学生的运动技能和体能水平，更要重视学生的精神文化需求和道德素质的培养。首先，"育体"是学校体育教育的基础，要求评价能准确反映学生的身体健康状况和运动能力，促进学生体质的全面发展。这不仅需要科学、合理的评价指标和方法，更需要在教育评价中体现出对学生身体健康的重视，鼓励学生参与体育活动、享受运动的乐趣。其次，"育美"要求学校体育教育评价能够引导和激发学生对美的追求和欣赏能力，通过体育活动培养学生的审美情感和人文素养。这意味着评价不仅要关注学生的体育技能和成绩，更要关注体育活动在培养学生审美情感、提高人文素养方面的作用和贡献。最后，"育德"强调通过体育教育评价促进学生道德品质的培育，包括诚信、团结、尊重、勇敢等道德素质。这要求评价系统不仅要量化学生的体育技能，更要对学生在体育活动中的道德表现进行观察和评价，鼓励学生在体育活动中展现良好的道德风貌，促进其全人格的发展。

2.认知升级：体育教育评价改革的动力源泉

在当代教育改革的大潮中，认知升级不仅是学校体育教育评价改革的动力源泉，更是其引领其走向未来的明灯。恩格斯指出："历史从哪里开始，思想进程也应当从哪里开始，而思想进程的进一步发展不过是历史过程在抽象的理论上前后一贯的形式上的反映；这种反映是经过修正的，然而是按照现实的历史过程本身的规律修正的。"教育评价改革也是对教育价值观念和认知能力转变的直接体现。随着社会的进步和时代的发展，学校体育教育的价值认知不断深化，体育教育评价改革也必须跟上时代的步伐，反映出不同利益相关者的价值诉求。在国家层面，学校体育教育评价的核心目的是促进学生的全面发展。这要求体育教育评价改革不仅要注重学生的体育技能和体能水平的提高，更要重视学生德智体美劳全面发展的评价标准，确保每一位学生都能在体育教育中获得全方位的成长。在社会层面，学校体育教育评价的目标是提高国民的体质健康水平。这一目标的实现，需要体育教育评价改革能够促进学生主动参与体育活动，享受运动的乐趣，从而提高整个社会的体质健康水准。在个人层面，学校体育教育评价更加注重于提高学生的综合素养及学业成绩。这意味着体育教育评价改革需要从学生的个体发展出发，注重评价过程的个性化和差异化，帮助每一位学生根据自己的特点和兴趣发展体育技能，提高综合素养。随着《关于深化教育教学改革全面提高义务教育质量的意见》

《中国教育现代化 2035》等政策文件的出台，学校体育教育领域对构建德智体美劳全面培养的教育体系达成了共识。这种认知上的共识为体育教育评价改革提供了坚实的理论基础和政策支持，为操作层面的教育评价方案的落实奠定了基础。

3.价值判断：体育教育评价改革的目标导向

价值判断作为体育教育评价改革的核心目标导向，意味着体育教育评价不仅是对学生体育技能和知识掌握的检验，更是一种深层次的价值导向和文化培育过程。随着社会发展和教育理念的更新，学校体育教育评价的价值判断也在不断地演进和深化。首先，国际视野中的学校体育教育评价改革为我国提供了丰富的经验和启示。例如，英国通过基础教育改革，使得学校体育教育评价不仅关注运动能力的培养，还充分重视学生的全面发展和健康第一的价值导向。这种以"健身育人"和"全面教育"为核心的价值判断，促进了体育教育评价目标和内容的持续优化和深化。其次，我国学校体育教育评价的价值转变，反映了国家对体育教育价值认知的深刻变革。随着《意见》和《总体方案》等重要文件的发布，学校体育教育评价改革被赋予了更为广阔的视野和更高的要求。这不仅要求学校体育教育适应学生的全面和个性化发展，更强调将"全面育人"的价值理念贯穿于体育教育教学的全过程。最后，以"全面育人"为价值导向的学校体育教育评价改革，旨在帮助学生在体育实践中享受乐趣、增强体质、健全人格、锤炼意志。这种价值判断不仅体现了对学生身心健康的关注，也体现了对学生综合素质培养的追求。学校体育教育评价的重心由单一的技能和知识掌握转向学生的全人发展，更加注重培养学生的体育精神、团队协作能力和社会责任感。

4.方法更新：体育教育改革评价的关键抓手

方法的创新成为推动体育教育评价体系进步的关键抓手，随着科技进步和信息时代的到来，传统的评价方式已难以全面反映学生的体育学习成效，更不能满足促进学生全面发展的需求。因此，更新评价方法，构建更科学、更合理的现代化体育教育评价体系成为当务之急。首先，要改进学校体育教育评价的结果评价。结果评价是评价体系的重要组成部分，传统上侧重于成绩和技能的量化衡量。然而，这种做法往往忽略了体育教育的育人价值。改进后的结果评价应更加注重学生的体育素养、健康意识和体育精神等非量化成果的评价，使之成为评价体系中的重要内容。其次，强化过程评价是提升学校体育教育质量的关键。过程评价能够更全面地反映学生在体育学习过程中的努力、参与和进步程度，帮助教师及时调整教学策略，促进学生的个性化发展。在这一过程中，信息技术的应用，如智能穿戴设备和数据分析平台，可以为教师提供准确的学生体育活动数据，帮助教师更科学地进行教学评价和反馈。再次，探索增值评价也是新时期教育评价改革的重要方向。增值评价注重学生体育能力、健康状况和体育精神等方面的长期进步和成长，能够更准确地评估学校体育教育的效果和价值。这要求评价者从更开阔的视角考查学生的发展，评价标准和方法需更加多元和灵活。最后，健全综合评价体系是实现学校体育教育评价改革的根本。综合评价既包括对学生体育知识、技能的评价，也涵盖对学生态度、情感、价值观的评价。在这一体系中，学校、教师、学生及家长等多个主体的参与至关重要，需要构建开放的沟通和反馈机制，以实现评价目标的社会共识和教育合力。

8.1.4　学校体育教育评价改革与创新的推进策略

1.强化改革认知，完善评价导向

深化学校体育教育改革认知，完善评价导向，成为推动学校体育教育质量全面提升的关键步骤。学校体育教育评价改革需要立足于

"以体育人"为本的教育理念，强化改革认知，完善评价导向，通过构建科学合理的评价体系，优化资源配置，促进教育公平，为学生全面发展提供有力保障。首先，健全"立德树人"的落实机制。在全面提升学生身心健康的同时，还必须强调学生道德品质和审美情操的培养。这要求学校体育教育不仅仅是身体训练的场所，更是传承和弘扬社会主义核心价值观的重要平台。同时，建立生态教育评价导向，通过多元化的体育活动，引导学生形成正确的世界观、人生观和价值观。其次，围绕四维评价结构强化教育评价制度建设。通过结果评价、过程评价、增值评价和综合评价的立体环绕相结合，形成一个全方位、多角度的评价体系。这不仅能够全面反映学生在体育学习过程中的努力和进步，更能科学评估体育教育的实际效果，为教育决策提供重要依据。最后，优化教育资源配置，树立公平教育评价导向。通过改善办学条件、平衡体育资源分配、加强城乡学校体育教师培训，缩小不同地区、不同学校之间的体育教育差距。此外，完善体育升学考试机制，强化社会各界对学校体育教育的关注和支持，共同营造重视体育、关注健康的良好氛围。

2.凝聚价值共识，健全评价标准

"教育兴则国家兴"，"体育强则国家强"。习近平总书记的论断，为我国学校体育教育评价改革提供了重要的理论指导和实践方向。学校体育教育不仅关系到青少年的身心健康，而且关系到国家的长远发展和民族的未来。因此，凝聚价值共识，健全评价标准，成为推动学校体育教育评价改革的重要任务。通过建立科学合理的评价体系和标准，实现学校体育教育评价的系统化、专业化，不仅有助于提高学生的体质健康和综合素质，而且对于推动学校体育教育的科学发展、满足国家和社会发展需求具有重要意义。首先，建立"四位一体"的目标体系是选取学校体育教育评价标准的重要依据。通过体育与健康课程、课外体育锻炼以及运动竞赛活动等，全面提升学生的体质健康、人格完善、意志品质和运动技能，从而实现学生的全面发展。其次，学校体育教育价值共识是评价标准的重要依据和结果。参考国内外先进的评价体系和标准，结合我国的实际情况，聚焦国民体力活动、体质健康及运动技能状况等方面，以体育与健康知识、运动技能与方法的学习为基本内容，以增进青少年身心健康为主要目的，进一步健全我国学校体育教育评价质量标准，推动学校体育教育行为的科学化、标准化。最后，数字时代的学校体育智慧管理系统提升了学校教育评价标准的科学性和创新性。合理运用和发展区域基础教育大数据，建立健全学校体育教育网络评价系统，通过科学的数据分析和管理，提高评价系统的准确性和有效性，避免评价指标的重复和含义异化，为学校体育教育评价提供科学、客观的依据。

3.聚焦教育本体，拓展评价体系

《总体方案》为我国学校体育教育评价改革指明了方向，强调要紧紧围绕学校体育教育本体，坚持以学生为本的原则，通过分类管理、试点先行和创新评价机制，全面拓展我国学校体育教育评价的维度和体系。学校体育教育评价改革需要立足教育本体，紧密结合学生身心发展特点和社会发展需求，不断完善评价体系和评价机制。首先，坚持以学生为本的评价体系。依据现行的《义务教育体育与健康课程标准（2022年版）》和《普通高中体育与健康课程标准（2017年版2020年修订）》，学校体育教育应从学生的运动能力、健康行为和体育品德三个方面入手，立足于学生身心发展的特点和运动技能学习的规律，着重构建包含"健康知识、基本运动技能、专项运动技能"的教学模式，旨在通过评价激励学生的积极参与、反馈教学效果，并促进学生全面发展。其次，实行分类评价方式。通过深化教师教学与育人评价考核制度的改革，引导学生积极参与自我评价和相互评价，强调师风师德在评价中的重要性，倡导教师自主学习和自我成长，推动学校体育教育人才的分类评价改革，从而提升教育评价的科学性和客观性。再次，坚持试点先行策略。比如，可以将足球、篮球等项目作为试点，运用"体育教学是基础、运动竞赛是关键"等评价思路，推广学习健康知识和掌握运动技能的模式，全面促进学校体育教学改革，拓宽学校体育教育评价的视角。最后，创新评价机制，完善学校体育工作督导评价机制。通过强化对学校体育教育管理部门的行政督导与绩效评价，改变传统评价模式带来的问题，依据国家相关文件精神，聚焦教育教学质量、学生身心发展规律、体育与健康课程标准，创新学校体育教育评价机制，确保学校体育教育评价工作的有效性和科学性。

4.革新评价方法，创新评价工具

传统的评价方法已经不能完全满足现代教育的需求，需要一种更加科学、系统、多元化的评价方式来顺应教育目标的多样性和复杂性。通过融合不同的评价方法，利用现代信息技术，可以建立一个更加科学、合理、多元化的学校体育教育评价体系，从而更好地服务于学校体育教育的发展目标。首先，现代教育评价强调定量评价与定性评价的融合。这种评价方式能够更准确、全面地评估学生在体育活动中的表现，同时也促进了学生个性化学习的实现。其次，借鉴国际上先进的教育评价经验，例如美国的过程性评价与终结性评价相结合的方法，以及加拿大的多元化教育测量法，我国学校体育教育评价方法亦在不断地探索和创新中。这不仅有助于促进学校体育教育内容的丰富和多样化，还能够更好地适应学生的不同需求和特点。最后，随着信息技术的发展，数字化、智能化的评价工具和方法成为学校体育教育评价的重要趋势。利用大数据等现代信息技术，可以实现对学生体质健康数据的实时监测和分析，既能提高评价的精确度和实时性，也有助于学校和教师根据评价结果及时调整教学策略和方法，确保教育评价的科学性和有效性。

8.2　学校体育治理现代化的研究

党的十九大报告提出，中国特色社会主义进入了新时代。《中共中央关于党的百年奋斗重大成就和历史经验的决议》（以下简称《决议》）指出："全面深化改革总目标是完善和发展中国特色社会主义制度、推进国家治理体系和治理能力现代化。"《决议》还指出："教育的根本任务是立德树人，培养德智体美劳全面发展的社会主义建设者和接班人，深化教育教学改革创新，促进公平和提高质量，推进义务教育均衡发展和城乡一体化。"

围绕推进治理体系和治理能力现代化这一命题，不断深化教育教学改革创新，成为新时期学校体育的使命和责任。新时期学校体育面临着严峻挑战，需要在国家大政方针的指引下找准定位，解决好深化改革过程中出现的各种问题。通过治理现代化的视角，着手完善学校体育治理体系、提升治理能力，不仅可以提高学校体育的"立德树人"和综合育人效果，而且是实现体育强国、教育强国目标的关键。

8.2.1　学校体育治理现代化的理论依据

1.学校体育治理现代化的理论基础

治理理论的崛起标志着国家和社会管理理念的一大进步，它的演进与深化不仅在政治学、管理学等领域产生了广泛影响，而且为教育尤其是学校体育治理领域，提供了新的视角和方法。自1989年世界银行首次提出"治理危机"以来，治理理论就开始在全球范围内引起关注，并逐步演化为一种跨学科的研究议题。在此过程中，国际组织和学者们对治理的定义和内涵进行了不断探索。1995年，"全球治理委员会"对治理给出了定义，即治理是由公私各界个人和机构共同参与管理事务的多种方式的总和，强调治理是一个促使不同利益得以调和并采取联合行动的持续过程。这一定义不仅丰富了治理理论的内涵，也为后续研究提供了理论基础。进入21世纪，随着我国社会主义现代化建设的深入推进，国内学界开始引入并研究治理理论。俞可平（2014）、王浦劬（2014）等学者将西方治理理论与中国特色社会主义实际相结合，提出了治理现代化的命题，并对其内涵、特征、路径进行了深入探讨。党的十八届三中全会审议并通过了《中共中央关于全面深化改革若干重大问题的决定》，首次在中央文件中提出"推进国家治理体系和治理能力现代化"，引起各界广泛关注，促进了治理理论在经济、管理、教育、体育等领域的应用和深入研究。在这一背景下，学校体育治理现代化成为治理理论本土化和应用深化的重要领域之一。学校体育治理现代化不仅体现了治理理论在学校体育领域的应用，也反映了学校体育在促进青少年身心健康发展、提升国民体质健康水平等方面的重要作用。探索适应新时期要求的学校体育治理现代化路径，既是对治理现代化理论的发展，也是学校体育治理实践的需要。

2.学校体育治理现代化的逻辑诠释

国家治理现代化为学校体育治理现代化提供了理论源泉和逻辑起点，从而决定了学校体育治理现代化在增强青少年体质健康方面所承担的重要角色。这种从国家治理现代化到学校体育治理现代化的逻辑延展，不仅展现了二者在价值遵循和方向指引上的高度一致性，也说明了学校体育治理现代化在丰富国家治理现代化内涵和维度方面的独特作用。具体到学校体育治理现代化的实践中，这一过程不仅是对"政府和学校""社会和学校""体育和教育"等多元关系和利益相关者之间交互作用的重新定义和优化配置，而且也是基于对学校体育发展规律深入认识的必然结果。在深化对国家治理现代化与学校体育治理现代化之间关系的理解中，我们可以看到学校体育治理现代化的核心是围绕青少年的体质健康需求进行深化改革和系统构建，旨在通过更加有效的管理和服务机制，确保青少年能够在健康、公平的环境中成长。这一过程涉及政策支持、制度创新、资源配置等多个层面，要求我们不仅要关注体育教育活动的直接实施，更要着眼于提升学校体育治理的整体效能和质量，从而为体育强国、教育强国的建设提供坚实支撑。进一步而言，学校体育治理现代化的实现需要在现代国家治理体系的指导下，积极探索与时俱进的管理模式和治理手段，如加强政府引导与监管、激发学校主体性、促进社会参与合作等，以及在此基础上对学校体育教育的内容、方法、评价等进行创新。通过这样的治理现代化路径，学校体育不仅能够更好地服务于学生的身心健康发展，也能够作为国家治理现代化的重要组成部分，反哺和促进社会整体的和谐与进步。

3.学校体育治理现代化的内涵阐释

解读学校体育治理现代化的内涵，首先需要明确治理现代化涵盖治理体系现代化与治理能力现代化两大要素，它们共同构成国家制度及制度执行能力的核心。将此观点迁移到学校体育领域，即意味着学校体育治理现代化既包括对学校体育运作制度体系的规范与完善，也涉及提升各治理主体的实践能力，以保障学校体育活动的健康发展。在新时期背景下，学校体育治理体系现代化是指通过构建一套完备的政治、社会、文化及法律法规制度体系，规范学校体育活动的运行，维护学校体育秩序，确保体育活动的正常进行与发展。与此同时，学校体育治理能力现代化则聚焦于提升各治理主体间的协同实践能力，包括党和国家的政策引导、社会各界的广泛参与，以及学校和家庭的积极响应，共同推动学生身心健康及社会适应能力的全面发展。学校体育治理体系和治理能力之间存在着相互促进、互为基础的内在联系。学校体育治理体系的完善为治理能力的提升提供了制度保障和执行框架，而治理能力的增强反过来又能促进治理体系的不断完善与优化。这种双向促进的关系，不仅展现了学校体育治理现代化的动态进程，也凸显了其以提升学校体育活动质量、保障学生全面发展为核心目标的本质要求。在此过程中，既需要通过策略性、系统性的治理体系规划，确保治理活动的针对性与有效性；也需要依托各方主体的协作实践，不断调整与优化治理策略，以适应学校体育发展的新要求和新挑战。

8.2.2 学校体育治理现代化的重要特征

1.治理目标具有全局性

在推进学校体育治理现代化的过程中，确立具有全局视野的治理目标至关重要。这不仅意味着将学校体育治理的目标与国家治理现代化的大方向相融合，明确学校体育在推动体育强国、教育强国及健康中国建设中的重要地位和作用，更要求学校体育治理目标能够聚焦于学校体育的综合改革，有效应对学校体育发展中存在的不平衡、不充分等问题。自新中国成立以来，学校体育的发展历程见证了由工具主义向全面育人理念的转变，从关注单一的身体训练到强调身体与心灵的全面关怀，展现了学校体育由单一向多元、由封闭向开放的演变过程。面对"体教融合""双减""体育进高考"等新时期背景下的各类挑战与机遇，需要通过系统思维和整体观念，整合政府、学校、社会等多元主体的力量，共同促进学校体育的系统性改革，破除制度与机制的障碍，确保学校体育治理现代化的顺利实施。学校体育治理目标还应展现出先进性和前瞻性，这要求我们在制定治理目标时，不仅要深入分析国内外学校体育发展的最新趋势和实践成果，也需要积极借鉴和吸收相关治理理论，特别是国际上在学校体育领域的先进理念和管理经验，通过不断创新和改革，推动学校体育治理向更加开放、包容、高效的方向发展。通过将治理目标与国际先进标准对接，不断提升学校体育治理的专业化、系统化水平，既能有效提高学生的体质健康和综合素质，也能为实现体育强国梦贡献力量。

2.治理结构具有系统性

从治理结构角度来说，学校体育可被视为一项综合性社会公共服务，其核心在于如何理解和处理涉及广泛主体的利益关系，这些主体包括政府、学校、家庭、企业、社会组织以及个人。这些治理主体不仅是学校体育治理的直接参与者，其角色定位和相互关系也将直接影响到治理的效能。面对学校体育发展中出现的跨领域、复合型问题，依靠单一的教育部门已不足以应对，这就要求在学校体育政策的设计、实施和反馈等各个环节，建立起多元治理主体间的合作与协同机制。这种合作与协同不仅要求分工明确、各司其职，还要求相互间能够进行有效的互动与配合。在横向协同方面，应强调多元治理主体间的整合与协作。学校体育需要联合教育、体育、卫生等相关部门进行协同治理，通过跨部门的协作提升治理效能。在纵向协同方面，则要求在不同治理层级之间实现统筹与协调，用协同替代传统的单向管理模式，实现从"自上而下"的单向信息传递到"上下互动"的多维度信息共享的转变。

3.治理评价富有科学性

在新时期的背景下，应该坚持科学和系统的思维方法，构建一个既符合中国国情又具备国际视角的学校体育治理评价体系。这一体系的构建需立足于"健康第一"的核心评价观，把健康作为评价活动的首要价值导向，确保评价活动不仅仅是技术操作的堆砌，而是深植于价值观的选择与坚持之中。它要求我们在明确《总体方案》所提出的"改进结果评价，强化过程评价，探索增值评价，健全综合评价"基础上，通过评价方法和工具的不断创新，不仅提升评价的针对性和科学性，而且能够确保评价活动能够真正指导学校体育治理实践，提升治理的有效性。科学的治理评价不仅要聚焦于结果，更要关注过程与增值，实现从单一的成绩评价向多维度、多层次的综合评价转变。这一转变不仅反映了学校体育治理评价体系的科学性，还体现了评价活动的前瞻性和导向性，促进了学校体育治理实践的优化与改进。更重要的是，通过评价结果的科学合理应用，能够深入诊断和改善学校体育治理中存在的问题，推动学校体育治理实践的现代化进程，避免评价活动陷入功利化和形式化的窘境。这种基于"立德树人"根本任务的学校体育治理评价体系，不仅是对传统评价观念的一次革新，也是对中国学校体育治理现代化路径的一次探索和实践，彰显了中国特色，建立了中国标准，为全球学校体育治理提供了中国方案。

8.2.3 对学校体育治理现代化的问题审视

1.科层制已不能满足改革的诉求

当下，学校体育治理的推进呼唤对管理方式的根本革新，而传统的科层制管理方式已经显示出其局限性和滞后性，这主要表现在内部协调和外部适应两大方面。内部协调的困境主要源自科层制管理思维的局限。管理与被管理的单一线性关系严重限制了学校根据本土和地域特色发挥主观能动性的空间，同时，政府对权力的不完全让渡也使得学校体育难以在社会化和市场化的趋势中找到适当的定位和发展空间。而在外部适应方面，科层制管理方式同样显示出其无法有效应对多元治理主体的发展改革要求，难以全面、高效地把控学校体育的发展。在社会化、市场化的大趋势下，传统的管理方式难以适应学校体育活动的新边界。例如，体教结合就暴露了传统科层制管理在面对新时期背景下学校体育发展的种种挑战时的不足。虽然体教结合在实践中取得了一定的成效，但目标任务的深度匹配不足、要素协调不到位、资源共享不足等问题的存在，暴露出体育与教育部门在传统科层制管理主导下的诸多弊端（如缺乏总体性的规划部署、评价体系和社会治理机制等），体现了体育和教育部门在战略布局和组织实施等层面的整体性和联动性不足。因此，学校体育治理的现代化必须跳出传统科层制管理的框架，拥抱治理现代化的理念，从多元治理主体的角度出发，以青少年的全面发展为核心，破除旧有管理思维，积极探索适应新时期学校体育发展要求的新型管理模式。这不仅是对传统管理方式的挑战，更是对学校体育治理能力的一次深刻转变，需要在制度设计、执行力强化及利益相关方协调等多个维度进行深入的思考和实践。

2.一元管理难以应对新问题

当下，推进新时期学校体育治理现代化的核心在于从一元管理主体向多元主体共治的转变。长久以来，政府作为学校体育的一元管理主体，在规范学校体育运行、维护学校体育秩序方面发挥了重要作用。然而，随着学校体育的发展需求日益增加和多样化，一元管理模式显露出其固有的局限性。从硬件到软件、从课程设计到活动组织，一元管理主体的模式难以应对这些新问题和挑战，更不用说实现学校体育的高质量发展。这种情况下，多元治理主体的构建成为推进学校体育治理现代化的关键所在。只有打破传统的管理模式，充分发挥政府、学校和社会等各方面的优势，通过共治的方式，才能有效应对学校体育发展改革中的新问题，促进学校体育的全面发展。

3.法治化管理仍任重而道远

在学校体育治理现代化的进程中，从政策管理向依法治理的转变是实现治理现代化的重要路径。当前，我国学校体育的发展改革主要依赖政府或有关部门发布的各类政策性文件，这种模式在一定程度上促进了学校体育的发展。然而，过分依赖政策性文件在治理实践中逐渐展现出其局限性，如政策文本的惯性、依政策行政而非依法行政的倾向等，使得学校体育治理呈现出显著的"政策管理"导向。这种政策导向的管理方式在处理复杂的学校体育问题时显得力不从心，如体育进高考引发的各种风险与争议，展现了在法治建设不完善的背景下，学校体育治理面临的挑战与困境。随着依法治国和法治型政府建设的不断推进，学校体育治理法治化成为迫在眉睫的任务，这不仅是学校体育治理现代化的要求，也是学校体育发展的内在需要。《中华人民共和国教育法》的实施和《全面推进依法治校实施纲要》的发布，为学校体育治理法治化提供了依据和方向。这表明，从政策管理到依法治理的转变已成为学校体育治理现代化的重要趋势，意味着学校体育治理需要在法治的框架下进行，确立政府依法管理学校、学校依法办学、社会依法支持和参与学校管理的治理格局。尽管治理法治化的重要性已经获得共识，学校体育治理现代化的道路仍然任重道远。一方面，政策管理的思维惯性和路径依赖使得依法治理的理念和实践难以在短期内彻底落地生根；另一方面，法治化治理需要完善的法律法规体系、强有力的法治实践能力和全社会的广泛参与，这些都是学校体育治理现代化过程中需要克服的难题。

8.2.4 学校体育治理现代化的推进策略

1.重视改革创新，推动多元化治理

当下，学校体育改革正迈入关键的攻坚期和深水区，所面临的问题日益复杂，跨界性和跨域性的挑战愈加凸显。解决这些问题，要求从传统的政策管理模式转变为全方位的多领域、多主体、多系统的协同治理，这一转变不仅涉及覆盖层级和方向选择的差异化，还体现在实践形式上的转换，即从单一的政府管理模式，向政府、社会、学校、家庭等多元主体共治的模式转变。这种转变意味着政府需要简政放权，促进管办分离和政社分离，同时激发市场活力，引入社会力量参与学校体育的共治，形成一个互补的资源共享机制。需要运用现代信息化手段拓宽家庭参与学校体育治理的渠道，构建一个从课内到课外、从学校到家庭的全方位联动治理模式，这不仅有利于增进学生课外体育参与，提高学校体育资源的利用效率，还能够为学校体育提供更加广泛的社会支持和社会监督。在"双减"政策背景下，这种模式的构建尤为关键，能够有效促进学校体育的健康发展，提升学生的体育活动参与度，从而达到提高学生体质健康水平的目的。

2.完善顶层设计，推进治理重心下移

在学校体育治理体系和能力建设中，必须针对当前学校体育发展中存在的不平衡、不充分问题，进行精准的顶层设计和制度创新。顶层设计需关注学校体育在不同地区发展的不平衡问题，推动资源合理分配，特别是向中西部和欠发达地区倾斜，实现教育公平。同时，推进跨部门的协同治理和多元共治机制的建立，能有效提升治理能力，解决学校体育政策执行不到位和学生体育活动参与度不高的问题。这种制度层面的顶层设计，是推进学校体育治理现代化的重要前提。此外，推进治理重心下移，实现更加精细化的治理，是顶层设计的重要补充。政策的引导应加大"放管服"力度，赋予学校更大的自主权，使学校成为治理的主体之一，形成自下而上的反馈和治理体系，激发学校的自主性和活力。资源的下沉，使人力、物力、财力等资源能够更加灵活地在学校之间调配，尤其是对于那些师资和设施不足的学校，这种资源下沉能够有效缓解其发展的压力。

3.坚持依法治校，推动跨部门协同

在推进新时期学校体育治理体系和治理能力现代化的过程中，依法治校的原则至关重要。通过加强学校体育法治建设，确保学校体育治理有法可依、有序进行，通过建立跨部门协同治理机制，实现政策的有效执行和资源的合理分配，可以有效提升学校体育治理的质量和水平，为学校体育发展提供更加坚实的支持。法律不仅是治理的基础，也是学校体育发展的保障。目前，我国学校体育在法治建设方面仍存在诸多不足，如对科层制行政管理的依赖、学校体育执法体系的不完善等，这些问题直接影响了学校体育治理的有效性和公正性。因此，建立以公民权利为导向的立法，明确青少年体质健康权益，推动体育权利内涵具体化，是构建现代化学校体育治理体系的关键一步。同时，宜出台与学校体育有关的专门性法律，从国家层面提升学校体育的法律地位，确保"有法可依，违法必究"，为学校体育治理提供坚实的法治基础。除了加强法治建设，跨部门协同治理也是推进学校体育治理现代化的重要途径。当前学校体育发展中遇到的问题往往具有跨界性、复合性特征，需要教育、体育、卫生等多个部门的协作与支持。通过跨部门协同治理，可以形成教育部门和体育部门之间的合力，共同推动学校体育的普及与发展。此外，建立完善的跨部门协同治理机制，如学校体育联席会议制度，可以有效地协调不同部门之间的资源和政策，实现资源共享、信息互通，提高学校体育治理的效率和效能。

8.3 数字技术赋能学校体育的研究

当前学校体育的发展仍然面临多元治理主体的缺位、对学校体育的重要性缺乏认识、缺乏针对性、评价方式单一等诸多挑战。随着数字经济时代的到来，以人工智能、物联网、云计算、5G等为代表的数字技术，为学校体育现代化所面临的问题提供了新的解决方案。这些新兴技术以其强大的开放共享能力、数据通信能力和场景创新能力，被广泛应用于学校体育领域，不仅能有效破解当前学校体育现代化实施中的困境，更为学校体育现代化提供了新的动力和变革方向。《义务教育体育与健康课程标准（2022年版）》和《"十四五"体育发展规划》等政策文件中，对信息技术在体育教学中的应用提出了明确要求和期望，体现了数字技术在推动学校体育发展中的重要地位。尽管学术界已经开展了关于人工智能时代体育教学特征与人工智能助推体育教育发展的研究，但关于数字技术赋能学校体育现代化的具体作用机理和实践路径的深入探讨还相对缺乏。

8.3.1 数字技术赋能学校体育改革与创新的理论阐释

1.技术内驱

技术的进步和应用为学校体育带来了从现象到本质的深度变革，这种变革既是对现有体育教育和管理模式的深度优化，也是对体育教育理念和方法的根本创新。数字技术的内驱作用不仅体现在提升学校体育的教学与训练效率上，更重要的是它为实现学生的个性化学习和健康发展提供了更多可能，为学校体育的长远发展注入了新的活力和动力。在这一过程中，技术不仅仅是工具的角色，更是推动学校体育实现数字化转型的关键因素。首先，学校体育信息化变革通过集成人工智能、大数据分析等数字技术，对体育教学内容、方法及评价体系进行优化升级，极大地提高了教学效率和学习质量。例如，通过智能化设备和应用，可以对运动员的训练数据进行实时监控和分析，制订更为科学的训练方案，从而提升运动表现和比赛成绩。其次，学校体育文化变革利用数字平台，不仅丰富了体育文化的表现形式，还加强了学生的体育文化素养，促进了体育文化的传承与发展。再次，学校体育创新化变革借助虚拟现实等技术，为学生提供了多元化的学习体验，激发了学生的学习兴趣，推动了教学模式和管理模式的创新。最后，学校体育国际化变革通过信息化手段，如即时翻译、远程交流等，拓宽了学校体育的国际视野，增强了学生的跨文化交流能力，促进了国际体育合作与交流。

2.组织内驱

数字赋能学校体育，以组织变革作为内核，实现了学校体育的深度数字化转型，这一转型主要是通过打破传统的科层制管理壁垒、实现多方主体的共治共享以及推动教师队伍建设三大路径展开。首先，数字化转型打破了科层制管理壁垒。通过优化治理体系和提升治理效能，数字技术的引入破解了学校体育在管理和治理过程中遇到的信息孤岛、响应迟缓等问题。利用数字技术建立的上下联席机制，让上层管理部门能够及时了解并响应基层的需求和诉求，评估政策的实际效果，从而加速政策的调整和优化。其次，数字化转型的发展推动了多方主体的参与，实现了共治共享的局面。在体教融合、"双减"等政策推动下，学校体育的发展虽有所改观，但仍面临诸多挑战。学校体育数字平台的建立，能够全面反映学生参与体育活动的实际情况，为学校和家庭提供了了解和监督学生体育活动的有效工具。此举不仅能帮助学校和家庭更好地把握学生的体育健康状况，还可以通过学生每日运动量达标监控体系，有针对性地改善学生健康问题，实现学校、家庭以及学生本身的共同参与和共同受益。最后，数字赋能还极大地推动了教师队伍的建设。借助云计算、人工智能、增强现实（AR）、虚拟现实（VR）等先进技术，不仅能够打破空间的限制，还可以建立新型的体育教师培养和评估体系，改变传统的教师培养模式，完善课程评估管理体系。数字化教务评估管理平台可为体育教师提供完善专业知识结构、提升数字化教学能力的有效途径，从而提高学校体育的数字化教学水平，推进学校体育数字化转型的深度发展。

3.数据内驱

数据在学校体育转型发展中发挥着日益重要的作用，通过深入的数据整合与分析，构建全面的数据库，并严格保护数据安全，学校体育能够在数字赋能的推动下实现质的飞跃，为学生提供更加科学、合理和个性化的体育教学。当下，数据整合的深度和广度不断扩展，传统的体质健康测试数据如身高、体重、视力等基础指标，已经不能满足当前学校体育的全面评估和发展需求。随着智慧体育的发展，更加细致和全面的数据维度被纳入，如学生的体态问题和运动技能学习能力等，这些数据的深入分析和利用能够为学生提供更加个性化和精准化的体育教学方案。数据库的构建成为数字赋能学校体育转型的另一核心环节。利用5G、人工智能、云计算等前沿技术，学校体育可以构建起一个覆盖全校乃至全区、全市的多层级学生体育运动数据共享平台。这样的平台不仅为学校体育教学提供了丰富的数据支持，也使得教育管理部门和卫生健康部门通过共享数据资源更有效地发现和解决学生体育健康中的各种问题，实现跨部门的协同合作和资源共享。随着学校体育数据资源的不断积累和应用，数据安全性问题也日益凸显。对数据保护的重视是学校体育数字化转型中不可或缺的一环。学校体育数据涉及学生个人隐私，如何在保障数据安全的前提下进行有效利用，是学校体育转型发展过程中必须面对和解决的问题。通过建立完善的数据安全保护机制，采取有效的技术手段和管理措施，确保数据在采集、存储、传输和应用过程中的安全，是推动学校体育健康发展的基础。

4.环境内驱

数字赋能的进程将不可避免地引发学校体育环境的全面变革，这种变革从制度环境、社会文化到市场需求等多个层面展开，共同推动学校体育迈向数字化转型。首先，制度环境的变革作为数字赋能的首要体现，凸显了技术进步与制度优化之间的互动关系。随着我国数字技术的迅速发展，这一过程无疑伴随着制度空位的现象，即现有制度框架未能完全覆盖新兴技术的应用场景与管理需求。然而，技术的不断刷新与突破，反过来又推动着相关制度的持续优化与完善，从而形成一个引导和规范数字技术良性发展的健全制度体系，保障了学校体育数字化转型的合法性和规范性。其次，社会文化的变革反映了数字技术对社会领域广泛而深刻的影响。数字技术的渗透和普及，不仅仅局限于学校体育这一单一领域，而是触及整个社会的文化生态，催生了新的社会文化形态。例如，随着数字体育文化的兴起，传统的体育观念和消费模式发生了根本性的变革，数字体育逐渐成为新的潮流与趋势，这不仅改变了公众对体育活动的参与方式，也重新定义了体育文化的内容和形态，为学校体育的数字化转型提供了强大的社会文化支撑和广阔的发展空间。最后，市场需求的变革凸显了新技术发展的市场驱动特性。新兴的数字技术，如人工智能、大数据等，在学校体育领域的应用正是对新的市场需求的直接响应。特别是在疫情防控背景下，线上体育教学的广泛实践凸显出现有学校体育体系在应对重大公共卫生事件方面的不足，进而激发了发展数字体育、智慧体育的迫切需求，推动了学校体育数字化转型的进程。

8.3.2　数字技术赋能学校体育改革与创新的推进策略

1.激发技术动力，促进学校体育革新

在当前信息技术高速发展的背景下，学校体育变革与创新的核心在于技术的内驱力，应将数字信息技术的创新融合与应用贯穿于学校体育的各个领域，包括健康课程内容设计、运动训练、课余体育竞赛等，实现学校体育的数字化转型和创新发展。这不仅要求充分整合不同地区的优势资源，形成资源共享和优势互补的新局面，而且需要对学校体育原有的服务系统和数据资源进行深入的梳理、整合和创新，以建立一个共享共治的数字化平台。数字化技术的应用，如实时追踪与反馈系统，能有效避免教学事故和危险性事件的发生，进一步提升体育教育监管服务的现代化水平。通过破除地域和部门之间的壁垒，共建共享优质体育教育资源，学校体育可以实现其文化和创新化的变革，推动体育与教育的深度融合，为体育后备人才培养和高质量体育师资队伍建设奠定坚实基础。学校体育创新变革的深度实施，涉及理念更新、规划优化、实施精细化和评价多元化等多个层面，显示了其系统性与结构性的双重特征。从理念层面而言，新时期的学校体育改革强调融合发展的思维，打破传统的部门界限，从规划到实施、再到评价的每一个环节，都需重视其真实性和操作性，确保改革的有效落地。这一过程不仅要求对现有的学校体育管理模式和教育内容进行根本性的创新和变革，而且还要在技术、组织和环境等多维度上进行全面的规划和部署，以保障学校体育数字化转型的顺利进行。具体而言，数字赋能学校体育改革与创新的实践应深入挖掘数字信息技术在教育领域的应用潜力，通过算法和算力的提升，精准捕捉学生和教师的实际需求，通过创新的数字手段弥合信息鸿沟，确保教育评价的公平公正。此外，可利用区块链等前沿技术手段打破时空限制和文化差异，加强全球学校体育的经验交流和智慧共享，促进学校体育的国际化发展，推动全球体育教育的智慧共享和融合发展。

2.增强组织动力，稳健提高学校体育数字智能化

在数字经济时代背景下，学校体育面临转型升级的重要机遇与挑战，其中数智化转型作为一种更加注重需求端、更为精准高效的数字化升级版本，对于推动学校体育发展具有重要的战略意义。数智化不仅仅是技术的应用，更关乎组织动力的增强与系统性变革的实现，旨在通过科技力量提升学校体育的整体数字智能化水平，进而促进学校体育创新发展与质量提升。首先，建立和完善学校体育的数字化平台和系统是数智化转型的基础。通过构建一系列涵盖体育信息管理、活动组织、设施设备管理等多功能的数字化系统与平台，学校体育能够实现资源的集成共享、管理的智能化以及服务的个性化，从而为师生提供更加便捷、高效、精准的体育教学与活动支持。例如，通过"智慧校园体育云平台"的构建，实现课程选择、虚拟教学、运动数据追踪、线上考核等一系列智慧教学与管理流程，可有效提升教学效果与管理效率。其次，提升教帅队伍的数字技术素养和应用能力是数智化转型的关键。通过构建丰富的数字化教育资源库，为教师提供包括优秀课例、专业教案、技能教学视频等在内的学习与参考资源，不仅能够丰富教师的教学方法和内容，也能够促进教师数字技术应用能力的提升和教学理念的创新，进一步推动学校体育教学质量的提升。再次，推动数字化课程的建设与开发，是数智化转型的核心。利用数字技术开发丰富多彩的体育课程资源，不仅能够满足学生多样化的学习需求，还能够通过建立学生体育数字画像，对学生的体育学习现状和需求进行精准分析与评估，为每位学生提供个性化的学习路径和指导。最后，完善课后体育活动的管理和服务，是数智化转型的重要内

容。通过搭建课后延时体育项目管理平台，实现课后训练和竞赛活动的在线申报与管理，可为学生提供更为多元化、个性化的体育学习与锻炼机会，同时也为学生终身体育的发展奠定基础。学校体育的数智化转型是一个全面深入的过程，需要从建立数字化平台和系统、提升教师数字技术素养、推动数字化课程建设、完善课后体育服务等多方面着手，通过全面规划和系统性推进，不断增强组织动力，稳健提升学校体育的数字智能化水平，以科技力量推动学校体育创新发展，实现学校体育现代化的长远目标。

3.发挥制度动力，深化学校体育优质体系发展

当下，数字赋能推动学校体育优质体系的发展，要求我们不仅凝心聚力，协同育人，更要深化制度的构建，以标准化、流程化推进治理效能的提升。这一进程必须从建立数字化转型的明确标准和指南做起，通过规范化的设计与实施，确保每一步转型的稳健推进。制定数字化课程设计标准、考核标准等，既是保障教学质量的基础，也是推进数字化转型顺畅进行的关键。为此，必须建立健全的数字化转型管理机构和责权明晰的岗位机制，以专门的机构负责监督数字化转型的全过程，确保其在预定轨道上高效运行。同时，对课内监督、课外活动督导等关键岗位人员的数字能力进行系统培训，提升整体数字化应用能力，对于促进数字技术在学校体育领域的广泛应用具有重要意义。加强数字化转型的监督与评估，建立起一套严密的评估体系，对转型实施情况进行定期检查与反馈，及时识别问题并采取有效措施进行调整。尤其在校外体育活动的监督评估中，通过健康数据的互通共享，加强社区活动与体育俱乐部之间的联系，有利于形成开放、互动的学校体育治理新格局。此外，一方面，要构建健全的数字化反馈机制，收集和整理学生与教师的反馈意见，持续优化数字化转型的实施方案。这不仅是数字化转型的需要，也是实现学校体育优质体系发展

的重要保障。在"云课堂""慕课"等平台提供的资源支持下，积极鼓励和支持教学参与主体深入参与到数字化转型的实践与创新中，以实践推动理念更新，以创新促进教学方法的改革。另一方面，要建立数字化转型的奖励与激励机制，对于在数字化转型实践中作出突出贡献的个人和团队给予充分认可与奖励，激发全校师生的积极性和创造力，形成推动学校体育数字化转型向纵深发展的强大动力。

9

研究结论与展望

9.1 研究结论与创新

9.1.1 研究结论

1.以学校体育发展的本质要求作为改革与创新的基础

新时期学校体育改革与创新，应深入贯彻"新发展理念"引领指导，坚守"五项重大原则"核心思想，秉承"健康第一"根本理念，明确"立德树人"首要任务，遵循"教会、勤练、常赛"根本方法。

2.以完善学校体育的体制、机制作为改革与创新的保障

新时期学校体育改革与创新，应着力于完善育才机制（构建家校社育人格局、建立资源共享体系）、评价机制（健全评价标准、建立多维评价体系、更新评价工具）、保障机制（加强组织领导、健全监管机制）、奖励机制。在体育课程思政建设方面，应推动共建共享机制即课程思政共享共建的区域协作机制；在体教融合方面，应不断优化"一体化"推进的运行机制，即建立人才共享机制、一体化赛事运营机制、体育服务购买机制、多元主体互动机制。

3.以现代化的治理手段作为改革与创新的重点

新时期学校体育改革与创新，应着力推动治理现代化，即：重视改革创新以推动多元化治理，完善顶层设计以推动治理重心下移，坚持依法治校以推动跨部门协同。

4.以优秀的教师团队作为改革与创新的核心

新时期学校体育改革与创新，应重视教师团队的建设，既要提升教师福利以确保教师队伍的稳定性，又要提升教师的思想（育人情

怀、思政意识、改革认知）与能力（扎实的专业技能与理论素养、教学能力、思政能力、数字技术的应用能力）。

5.以课程深化、课程改革作为改革与创新的根基

新时期学校体育改革与创新，应认识到课程是教育思想、内容、目标的主要载体，要实行多元课程改革、完善教材体系，实施"教会、勤练、常赛"一体化教学模式。

6.以数字技术作为改革与创新的动力

新时期学校体育改革与创新，应重视数字技术在学校体育教育中的应用，不仅要强化教师、管理者对数字技术的认知与应用能力，也要不断探索并完善相关数字化平台的建设，推动资源、数据的互通共享。同时，也要完善相应的督评工作并做好数据安全工作。

9.1.2　研究创新

在体教融合推进策略的研究中，创新性地提出了构建体教融合战略联盟的建议，即构建一个以体育和教育为核心，同时将社会、企业、市场等多元主体纳入其中，形成协同发展的竞技体育人才培养体系。

在体育课程思政的研究中，从挖掘和共享两方面创新性地提出了思政资源的开发路径，在一定程度上有助于解决课程思政建设中思政资源不足的难题。

过去学校体育的研究多是以单个问题为研究对象展开研究，但不同的问题最后在推进策略与路径上的指向往往出现重复或相近。本书就主要问题与热点议题进行深入探析，分别提出了推进策略或发展路径，且在最后的结论中对有共性的部分进行了融合，能够让教师、管理者等明晰自身在新时期学校体育事业中的精确定位，以系统化的思维和方式很好地应对复杂局面。

9.2 研究不足与展望

9.2.1 研究不足

研究的不足主要集中在以下两个方面：

在路径研究中，仍是按照传统的"发展现状→存在问题→路径与对策"思路进行的研究，导致研究结论在科学性和稳健性方面有所欠缺，虽然提出了创新性的建议，但未进行实验检验与数据分析。

在研究方法上，对搜集的数据只是进行了简单的描述性分析，没有进一步去搜集更多相关数据进行实证分析；同时，在质性研究部分所用的研究方法多为归纳、演绎等，研究方法较为单一。

9.2.2 研究展望

重视实证研究，积极就学校体育的发展进行实地调研，获取一手数据，通过对数据的深入分析，强化结论的科学性与稳健性。

未来研究重点将转移到数字技术赋能学校体育教学领域，深入研究数字技术在体育教学尤其是课程思政建设中的应用。

主要参考文献

[1] 白亮，宋宗佩. 我国学校体育改革的问题与发展路径 [J]. 体育文化导刊，2018（1）：97-100；115.

[2] 程晋宽，方蒸蒸.教育改革的制度创新为什么这么难：基于"八年研究"与"特许学校"制度同构的分析 [J] 南京师大学报（社会科学版），2019（3）：31-40.

[3] 程天君，张铭凯，秦玉友，等. 深化新时代教育评价改革的思考与方向 [J]. 中国电化教育，2021（7）：1-12；21.

[4] 程文广. 新征程中我国学校体育教育评价的理论遵循与实践方略 [J]. 北京体育大学学报，2023，46（1）：105-115.

[5] 程宇飞，李军岩，范尧. 我国学校体育教育评价本原的理论遵循、迷思困境与实践路向 [J]. 体育学研究，2022，36（3）：81-90.

[6] 丛灿日，王志学. "严出"之下高校体育课程改革的审视及推进路径 [J]. 体育学刊，2020，27（2）：117-123.

[7] 崔丽丽，刘冬磊，张志勇. 高校体育课程思政教学改革的价值意蕴、践行方向与保障机制 [J]. 北京体育大学学报，2022，45（6）：25-35.

[8] 崔允漷，郭华，吕立杰，等. 义务教育课程改革的目标、标准与实践向度（笔谈）：《义务教育课程方案和课程标准（2022年版）》解读 [J].

现代教育管理，2022（9）：6-19.

[9]　邓伲姣，王华倬. 我国学校体育政策话语转变历程与审思 ［J］. 体育文化导刊，2020（6）：26-32.

[10]　丁浩然，刘学智. 改革开放40年义务教育教材制度建设的回顾与展望 ［J］. 教育科学，2018，34（5）：27-32.

[11]　董翠香，樊三明，朱春山，等. 从认识到实践：高校体育教师课程思政教学问题聚焦与消解策略 ［J］. 武汉体育学院学报，2022，56（5）：5-12；38.

[12]　董建国，张慧霞，刘欢. 体育作为社会教育体系的内容构建：基于体育教育家王庚体育学术观点的启示 ［J］. 体育与科学，2024，45（2）：52-59.

[13]　董取胜，耿涛，易紫俊，等. "双减"背景下中小学体育教学改革的逻辑证成、变革挑战与深化路向 ［J］. 天津体育学院学报，2023，38（6）：696-702.

[14]　丰涛，赵富学. 高校体育课程思政建设的分段推进研究 ［J］. 沈阳体育学院学报，2023，42（4）：24-30.

[15]　冯春艳，陈旭远. 人工智能在教学改革中的应然角色及理性审视 ［J］. 苏州大学学报（教育科学版），2020，8（1）：25-32.

[16]　冯文全. 现代教育学 ［M］. 北京：北京师范大学出版社，2012：399.

[17]　顾明远. 教育大辞典（12）：比较教育 ［M］. 上海：上海教育出版社，1992.

[18]　关清文，张晓林，杨雅晰，等. 新时代十年青少年和学校体育政策的注意力配置研究：基于"结构要素—决策属性"分析框架 ［J］. 山东体育学院学报，2024，40（1）：23-33.

[19]　赫梅尔. 今日的教育为了明日的世界：为国际教育局写的研究报告 ［M］. 王静，赵穗生，译. 北京：中国对外翻译出版公司，1983：5.

[20]　胡思源，郭梓楠，刘嘉. 从知识学习到思维培养：ChatGPT时代的教育变革 ［J］. 苏州大学学报（教育科学版），2023，11（3）：63-72.

[21]　黄道名，杨群茹，张晓林. "健康中国"战略下我国学校体育的改革困境与发展路径 [J]. 体育文化导刊，2018（3）：103-107；123.

[22]　霍军，陈俊. 学校体育督导组织实施、困境与破解：基于第三方评估的视角 [J]. 天津体育学院学报，2021，36（2）：141-150.

[23]　季浏，马德浩. 新时代我国学校体育改革与发展 [J]. 体育科学，2019，39（3）：3-12.

[24]　季浏. 坚持"三个导向"的义务教育体育与健康课程标准（2022年版）解析 [J]. 体育学刊，2022，29（3）：1-7.

[25]　季浏. 我国《义务教育体育与健康课程标准（2022年版）》解读 [J]. 体育科学，2022，42（5）：3-17；67.

[26]　江礼磊，黄谦，侯宇洋，等. 数智技术赋能学校体育现代化的作用机理、应用场域与实践路径 [J]. 体育学研究，2023，37（4）：67-78.

[27]　蒋里. AI驱动教育改革：ChatGPT/GPT的影响及展望 [J]. 华东师范大学学报（教育科学版），2023，41（7）：143-150.

[28]　教育部基础教育质量监测中心. 2018年国家义务教育质量监测：体育与健康监测结果报告 [EB/OL].（2019-11-20）[2024-03-25]. http://www.moe.gov.cn/jyb_xwfb/gzdt_gzdt/s5987/201911/t20191120_409046.html.

[29]　教育部基础教育质量监测中心. 中国义务教育质量监测报告 [EB/OL].（2018-07-24）[2024-03-25]. http://www.moe.gov.cn/jyb_xwfb/gzdt_gzdt/s5987/201807/t20180724_343663.html.

[30]　教育大辞典编纂委员会. 教育大辞典（第6卷）. 上海：上海教育出版社，1992：419-420.

[31]　康强. 教学模式改革："两课"改革的"主攻点" [J]. 高等理科教育，2004（1）：123-126.

[32]　李成梁，朱旺，牟柳. 新时期深化我国体校体教融合改革与发展的研究 [J]. 沈阳体育学院学报，2023，42（3）：1-8.

[33]　李春玲，肖远军. 推进美国STEM教育改革的政府行动：缘由、目标与措施 [J]. 全球教育展望，2018，47（7）：48-56.

[34] 李乐虎，高奎亭，舒宗礼. 第三方组织参与我国学校体育监督评估：现状、困境与对策 [J]. 北京体育大学学报，2021，44（9）：45-55.

[35] 李莉，安奕，韦小满. 试析区块链技术在教育评价改革中的应用 [J]. 中国考试，2022（6）：24-31.

[36] 李启迪，李朦，邵伟德. 我国学校体育"家校社共育"价值阐析、问题检视与实践策略 [J]. 北京体育大学学报，2021，44（9）：135-144.

[37] 李炜炜. 人工智能赋能外语教育改革：理念创新与行动逻辑 [J]. 中国高等教育，2023（9）：49-52.

[38] 梁九义. 论混合学习对我国远程教育教学模式改革的影响 [J]. 中国远程教育，2012（5）：41-45；95-96.

[39] 梁伟，毛常明，陈克正. 高校体育教学改革特征与路径探索：基于历届国家级教学成果奖的实证分析 [J]. 中国高教研究，2021（5）：86-91.

[40] 刘波，郭振，王松，等. 体教融合：新时代中国特色竞技体育后备人才培养的诉求、困境与探索 [J]. 体育学刊，2020，27（6）：12-19.

[41] 刘锋. 新时代体育课程思政建设的内涵、难点及应对策略 [J]. 天津体育学院学报，2023，38（2）：136-142.

[42] 刘海元，孙强，张云. 我国学校体育工作的制度设计及改革路径研究：基于中美学校体育10年相关文件对比分析 [J]. 首都体育学院学报，2023，35（2）：125-139.

[43] 刘梦非. 基于人工智能特色的法学课程教学改革与创新 [J]. 中国高等教育，2022（11）：53-55.

[44] 柳鸣毅，王瑞，孔年欣，等. 何以补齐中小学体育教师资源短板？——基于深化体教融合典型实践的多案例分析 [J]. 上海体育大学学报，2024，48（2）：55-69；100.

[45] 罗海风，罗杨，刘坚. 人工智能时代的教育评价改革 [J]. 中国考试，2024（3）：8-17；97.

[46] 毛振明，丁天翠，潘建芬. 新时代十年学校体育的新理论、新发展与新实践 [J]. 北京体育大学学报，2023，46（8）：1-11.

[47] 毛振明，彭小伟，胡庆山. 中国式学校体育现代化：国情、路径、课题与发展 [J]. 武汉体育学院学报，2024，58 (3)：1-9；33.

[48] 毛振明，邱丽玲，杜晓红. 中国学校体育改革与发展若干重大问题解析：从当下学校体育改革5组"热词"说起 [J]. 上海体育学院学报，2021，45 (4)：1-14.

[49] 欧阳井凤，邢金明，岳晓波. "体教融合"的新生境构成、组织形态与体制设计研究 [J]. 沈阳体育学院学报，2021，40 (2)：37-43.

[50] 齐红倩，张佳馨. 数字技术发展与高等教育教学模式改革 [J]. 中国高等教育，2022 (18)：56-58.

[51] 尚力沛. 学校体育教学改革"教会、勤练、常赛"一体化推进探析 [J]. 体育文化导刊，2022 (5)：96-103.

[52] 邵天逸，李启迪. 从粗放走向规范：我国学校体育思想研究的问题审思与路向转换 [J]. 体育科学，2023，43 (5)：89-97.

[53] 邵天逸，栗家玉，李启迪. "全面发展"视域下学校体育理念的要旨论绎、问题审思与时代推进 [J]. 武汉体育学院学报，2023，57 (1)：82-91.

[54] 邵天逸. 学校体育"健康第一"思想的历史考察与现实审思 [J]. 天津体育学院学报，2023，38 (3)：296-302.

[55] 舒宗礼. 义务教育学校体育治理共同体构建的实践与探索：以北京市为例 [J]. 武汉体育学院学报，2023，57 (2)：84-90.

[56] 孙辉，王润平，张晓刚. "双减"政策下家校社协同赋能学校体育的发展策略 [J]. 沈阳体育学院学报，2022，41 (6)：28-34；56.

[57] 孙民康，孙有平. 中考体育改革：逻辑理路、现实困境与突破路径 [J]. 体育与科学，2024，45 (1)：58-64.

[58] 檀慧玲，王玥. 教育评价数字化转型的内生动力与核心议题 [J]. 教育研究，2023，44 (12)：143-151.

[59] 汤际澜，郭权. 基于中外比较的我国高校体教融合发展困境和路径研究 [J]. 体育学刊，2024，31 (2)：134-141.

[60] 体育总局办公厅，教育部办公厅，发展改革委办公厅. 关于提升学校体育课后服务水平 促进中小学生健康成长的通知［EB/OL］.（2022-06-14）［2024-03-25］. http://www.gov.cn/zhengceku/2022-07/06/content_5699551.htm.

[61] 王凤秋. 当代知识的变化与教育改革［J］. 教育研究，2000（4）：10-15.

[62] 王岗，李卓嘉，雷学会. 学校体育的目标："健康"乎？"强壮"乎？［J］. 体育学刊，2016，23（3）：9-15.

[63] 王健. 新时代我国学校体育发展的主要问题及应对策略［J］. 华中师范大学学报（人文社会科学版），2023，62（6）：166-178.

[64] 王宁宁，程文广. 新时代我国学校体育教育评价改革动因溯源及路径指向［J］. 沈阳体育学院学报，2022，41（3）：21-28.

[65] 王浦劬.国家治理、政府治理和社会治理的含义及其相互关系［J］.国家行政学院学报，2014（3）：11-17.

[66] 王先茂，高红云，邓伟，等. 文化课教师助推青少年体育高质量发展的根本逻辑、制度困境及实现策略［J］. 体育学刊，2024，31（1）：94-102.

[67] 干祥全，冯志钢，姜勇，等 体育课程一体化的建构逻辑.实施困境及推进策略［J］. 沈阳体育学院学报，2021，40（3）：25-32.

[68] 王耀东，张慧颖，翟丰，等. 体教融合视域下我国高校体育教学的价值导向、问题审视与路径选择［J］. 天津体育学院学报，2023，38（6）：676-682.

[69] 王宗敏. 张武升. 教育改革论［M］. 郑州：河南教育出版社，1991：52.

[70] 温志宏，王厚雷. 体育课程思政建设中关键问题判别及教学应对［J］. 武汉体育学院学报，2023，57（11）：93-100.

[71] 吴砥，郭庆，郑旭东. 智能技术进步如何促进学生发展［J］. 教育研究，2024，45（1）：121-132.

[72] 吴小圆，邵桂华. 新发展理念下我国学校体育高质量发展：目标、困境

与路径［J］.体育文化导刊，2023（10）：86-92.

［73］ 吴毅，荣凯."双减"背景下社会力量参与中小学体育课后服务的价值、难点与路径［J］.体育文化导刊，2023（9）：91-98.

［74］ 吴忠魁，张俊洪.教育变革的理论模式［M］.成都：四川教育出版社，1988.

［75］ 肖磊，刘志军.教育改革中的制度创新：理论阐释与行动框架［J］.高等教育研究，2020，41（11）：51-58.

［76］ 肖紫仪，熊文，郑湘平，等.体育中考体质健康测试：基本理论问题检视与调适［J］.上海体育大学学报，2024，48（3）：1-13.

［77］ 谢罗希，潘宁.高校"互联网+体育课程思政"建设论［J］.中南民族大学学报（人文社会科学版），2022，42（11）：167-173；188.

［78］ 谢维和.教育评价的双重约束：兼以高考改革为案例［J］.教育研究，2019，40（9）：4-13.

［79］ 辛涛.深化教育评价改革的四个关键环节［J］.中国考试，2023（10）：1-8.

［80］ 辛涛.深化教育评价改革 建立良性的教育评价制度［J］.清华大学教育研究，2019，40（1）：8-10.

［81］ 邢金明，陈钢.美国体育的目的和目标及其启示［J］.体育学刊，2014，21（5）：74-78.

［82］ 徐上斐，胡海建，王强.新时代学校体育治理现代化的应然特征、现实困境与路径选择［J］.沈阳体育学院学报，2022，41（5）：42-48.

［83］ 薛鹏飞，曹景川.学校体育高质量发展：价值意蕴、现实困境与推进策略［J］.成都体育学院学报，2023，49（3）：112-118；128.

［84］ 杨国庆，刘宇佳.论新时代体教融合的内涵理念与实施路径［J］.天津体育学院学报，2020，35（6）：621-625.

［85］ 杨国庆.中国体教融合推进的现实困境与应对策略［J］.成都体育学院学报，2021，47（1）：1-6.

［86］ 杨雅晰，丁明露，刘昕.供给侧结构性改革视阈下学校体育发展路径研

究［J］.体育文化导刊，2017（8）：134-138；144.

［87］ 俞可平.没有法治就没有善治：浅谈法治与国家治理现代化［J］.马克思
主义与现实，2014（6）：1-2.

［88］ 于素梅.体育课程一体化联动机制及其有效运行［J］.首都体育学院学
报，2021，33（1）：62-66.

［89］ 于素梅.一体化体育课程的旨趣与建构［J］.教育研究，2019，40
（12）：51-58.

［90］ 于素梅，黎杰.幸福体育是新时代学校体育的价值追寻与改革方向："四
位一体"目标要求的本质解读［J］.天津体育学院学报，2023，38（5）：
525-532.

［91］ 余清臣，徐苹.当代课堂教学模式改革的实践内涵：一种反思的视角
［J］.教育科学研究，2014（1）：15-18.

［92］ 余蓉蓉，张宁娟.2022中国教育评价改革热点研究［J］.教育学术月刊，
2023（5）：89-97.

［93］ 袁振国.教育改革论［M］.南京：江苏教育出版社，1992：25-27.

［94］ 张彩云.新时代学校体育目标体系的生成逻辑及内涵特色［J］.中国教
育科学（中英文），2022，5（4）：94-102.

［95］ 张莉清，姜志远，曹光强，等.我国学校体育政策制定问题探析与提升
途径［J］.北京体育大学学报，2019，42（5）：55-62.

［96］ 张龙.人的全面发展：体教融合的价值依归与实践向度［J］.广州体育
学院学报，2023，43（6）：103-111.

［97］ 张强峰，雷雨星，郭汝，等.我国中小学体育课后服务的实施困境与突
破路径［J］.体育学刊，2022，29（3）：113-118.

［98］ 张然，张楠."双减"政策下学校体育高质量发展的内在困境与优化路径
［J］.体育文化导刊，2022（9）：97-103.

［99］ 张荣伟.中国基础教育改革的对象与目标［J］.课程·教材·教法，
2015，35（12）：14-21.

［100］ 张文鹏.中国学校体育政策的发展与改革研究［D］.武汉：华中师范大

学，2015.

[101] 张欣欣，张凯，范高胜. 我国学校体育健康教育模块实施困境与应对策略 [J]. 体育文化导刊，2022（4）：103-110.

[102] 张长思，丁天翠，杨多多，等. "体育走班制"教学教师专项化教学能力提升研究 [J]. 体育学刊，2022，29（3）：119-125.

[103] 赵富学，黄桂昇，李程示英，等. "立德树人"视域下体育课程思政建设的学理释析及践行诉求 [J]. 体育学研究，2020，34（5）：48-54.

[104] 赵富学，黄莉，吕钶. 体育课程思政研究的热点归集、问题聚焦及未来走势 [J]. 武汉体育学院学报，2022，56（5）：22-28.

[105] 赵富学，焦家阳，赵鹏. "立德树人"视域下体育课程思政建设的学理要义与践行向度研究 [J]. 北京体育大学学报，2021，44（3）：72-81.

[106] 赵富学，彭小伟. 体育课程思政建设的思维向度转换与推进理路生成 [J]. 上海体育学院学报，2022，46（11）：1-8；18.

[107] 赵富学. 高校体育课程思政资源共建共享的区域性协作机制研究 [J]. 北京体育大学学报，2022，45（6）：1-11.

[108] 赵刚，李阳. 新中国学校体育目标体系的演进理路与反思：基于"教学"与"课程"的双向视角 [J]. 北京体育大学学报，2021，44（5）：113-127.

[109] 中共中央，国务院. 关于加强青少年体育增强青少年体质的意见 [EB/OL].（2007-05-07）[2024-03-25]. https：//www.gov.cn/gongbao/content/2007/content_663655.htm.

[110] 中共中央办公厅，国务院办公厅. 关于进一步减轻义务教育阶段学生作业负担和校外培训负担的意见 [EB/OL].（2021-07-24）[2024-03-25]. https：//www.gov.cn/gongbao/content/2021/content_5629601.htm.

[111] 中共中央办公厅，国务院办公厅. 关于全面加强和改进新时代学校体育工作的意见 [EB/OL].（2020-10-15）[2024-03-25]. https：//www.gov.cn/zhengce/2020-10/15/content_5551609.htm.

[112] 周彬. 学科高质量教学的教育意蕴及其实现 [J]. 教育研究，2022，43

（8）：85-96.

［113］ 周亦珩，金凯，韩军生. 体育强国战略背景下高校体教融合育人模式探
究：以东南大学为例 ［J］. 东南大学学报（哲学社会科学版），2023，
25 （A2）：47-52.

［114］ 朱旭东. 推进师范教育改革创新：制度、体系、体制和机制 ［J］. 中国
高教研究，2023 （2）：7-15.

［115］ BARNES T，BOYER K，HSIAO I，et al.Preface for the special issue on AI-
supported education in computer science ［J］. International Journal of
Artificial Intelligence in Education，2017，27 （1）：1-4.

［116］ MAYER K J，TEECE D J.Unpacking strategic alliances：The structure and
purpose of alliance versus supplier relationships ［J］. Journal of Economic
Behavior & Organization，2008，66 （1）：106-127.

［117］ ROLL I，WYLIE R. Evolution and revolution in artificial intelligence in
education ［J］. International Journal of Artificial Intelligence in Education，
2016，26 （2）：582-599.

索引